JN025427

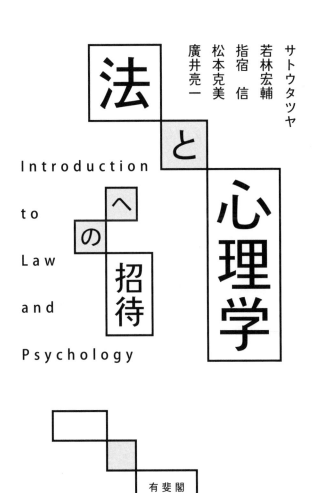

サトウタツヤ
若林宏輔
指宿　信
松本克美
廣井亮一

法と心理学への招待

Introduction
to
Law
and
Psychology

有斐閣

はじめに

　本書では，心理学を実験心理学と臨床心理学という領域に分け，法学を民事・刑事に分けたうえで，それぞれの立場から「法と心理学」に関する話題を扱います。具体的には以下のような話題をとりあげて「法と心理学」という領域の全体を見渡すことができるようになっています。

　　実験心理学・社会心理学と法の接点である，公正観，捜査の心理学
　　臨床心理学・心理療法と法の接点である，司法臨床，被害者支援
　　民事法・民事訴訟法と心理学の接点である，PTSD と補償，リーガル・カウンセリング
　　刑事法・刑事訴訟法と心理学の接点である，裁判員制度，虚偽自白と冤罪

　本書は，法学と心理学の融合を目指し，法の人間化，心理学の法制度への社会実装のあり方を解説していくことを目標にしています。つまり「法と心理学」という領域について論じていくものです。「法と心理学」は，心理学から見れば歴史的には最も古い応用領域です。一方，法学から見れば近代心理学の勃興とともに形成された比較的新しい領域です。

　法の対象となり，あるいは，執行を行うのは人間です。人間が犯罪者となり被害者となります。あるいは紛争を起こし，裁きを求めます。裁くのも人間であり，その結果に関心をもつのも人間です。「法と心理学」という領域では，法のプロセスを，そこに関わる人間の側面から検討しようとする試みです。人間の行動や思考に関す

る法則を，個別の裁判プロセスにあてはめることで，これまでとは異なる，人間に焦点を合わせた司法が可能になるのです。

　近年の日本では「法と心理学」に関する書籍や事典などが多数出版されていますが，本書が類書と異なる点はいくつかあります。その最大の特徴の1つが，立命館大学の（現・元）教員によって執筆されているということです。一般に法学と心理学のように異なる学問が融合するのは難しいですが，同大学ではこの領域に関心のある研究者が相次いで赴任し，それが実質的に融合的に機能してきました。このことは，ある1つの大学でのみ通用する狭い知識が生産されたのではなく，多層に広がる「法と心理学」の多様な展開について深みと広がりを可能にしたと感じているところでもあります。

　「法と心理学」はいうまでもなく法と心理に通暁していることが求められる分野であり，それだけ難しいがやりがいもある分野です。ぜひ本書を通じて「法と心理学」を理解して，さらに新しい研究を切り開こうとする方が出てくることを期待しています。

　　2019 年 10 月

立命館大学総合心理学部

サトウ タツヤ

著者紹介

サトウ タツヤ（佐藤 達哉）　　　　　　　担当：**序**，第 **1** 章

現職：立命館大学総合心理学部教授

主要著作：『法と心理学のフロンティア』［I巻（理論・制度編），II巻（犯罪・生活編）］（共著，2005，北大路書房），『心理学の名著30』（2015，筑摩書房），『文化心理学——理論・各論・方法論』（共編，2019，ちとせプレス）

若林 宏輔（わかばやし こうすけ）　　　　担当：第 **2**，**3** 章

現職：立命館大学総合心理学部准教授

主要著作：『社会と向き合う心理学』（共編，2012，新曜社），『法心理学への応用社会心理学アプローチ』（2016，ナカニシヤ出版），『取調べと可視化——新しい時代の取調べ技法・記録化と人間科学』［インクルーシブ社会研究7］（共編，2014，立命館大学人間科学研究所）

指宿 信（いぶすき まこと）　　　　　　　担当：第 **4**，**5**，**6** 章

現職：成城大学法学部教授

主要著作：『被疑者取調べ録画制度の最前線——可視化をめぐる法と諸科学』（2016，法律文化社），シリーズ『刑事司法を考える』［全7巻］（共編，2017，岩波書店），『治療的司法の実践——更生を見据えた刑事弁護のために』（監修，2018，第一法規）

松 本 克 美（まつもと かつみ）　　　　　担当：第 **7**，**8**，**9** 章

現職：立命館大学大学院法務研究科特任教授，名誉教授

主要著作：『時効と正義——消滅時効・除斥期間論の新たな胎動』（2002，日本評論社），『法と心理の協働——女性と家族をめぐる紛争解決へ向けて』（分担執筆，2006，不磨書房），『続・時効と正義——消滅時効・除斥期間論の新たな展開』（2012，日本評論社）

廣 井 亮 一（ひろい りょういち）　　　　　担当：第 **10**，**11**，**12** 章

現職：立命館大学総合心理学部特任教授

主要著作：『カウンセラーのための法と臨床——離婚・虐待・非行の問題解決に向けて』（2012，金子書房），『司法臨床入門——家裁調査官のアプローチ』［第2版］（2012，日本評論社），『心理職・援助職のための法と臨床——家族・学校・職場を支える基礎知識』（共著，2019，有斐閣）

目　次

iv

第III部　民事法と心理

第IV部　司法臨床

序 法学と心理学
法学のスタンスと心理学のスタンス

キーワード　法，正義，実体法，手続法，社会契約，犯罪，罪刑法定主義，学範内関心駆動型知識生産，社会関心駆動型知識生産，実験，相談，心理療法，診断，発達，知恵，リーガル・カウンセリング，オープンクエスチョン，クローズドクエスチョン，転移，逆転移

● 学習内容

　この序では，「法と心理学」を構成する重要な学範（ディシプリン）である法学と心理学をまず分けて考え，そしてその後にその共通部分について考えていきます。法学の対象となる法とはどのようなものなのか？ 心理学の対象となる法とはどのようなものなのか？　を考えた後，法実践にとっても心理実践にとっても重要な「相談」という行為について考えていきます。また，複合領域である「法と心理学」の歴史についても学びます。

1 法学入門——法とは何か

1 法と正義／民事法と刑事法

「**法**とは何か」に答えることは難しいですが，中川淳による『法学講義[1)]』を参考にしながらいくつかのことを考えていきましょう。

　まず，法律と法の違いです。法律は（多くの場合）国家による制

---

1)　中川淳（2009）．『法学講義——基礎へのアプローチ』［第2版］世界思想社

定法のことを指しますが，法は制定法を含む広い規範（慣習法や国際法）を含むものを指します。つまり狭義の法が法律であり，広義の法にあたるのが法ということになります。

　社会規範，という意味では道徳と法はどう違うのでしょうか。一見すれば，悪いことをしてはいけない，という意味で同じにみえますがどうでしょうか。実は「○○をしてはいけない」というのは道徳の表現であって，法の表現ではありません。殺人は悪いこと（だからしてはいけない），というのは道徳的な表現なのです。では，法律にはどのように書かれているのでしょうか。日本国の刑法199条は「人を殺した者は，死刑又は無期若しくは5年以上の懲役に処する」と書かれているにすぎません。「人を殺すのは悪いことであり，悪いことをした人は罰せられるべきだから，○○という刑罰を与える」という表現にはなっていないことに注意が必要です。

　一般に，法は外面性，道徳は内面性を重視するといわれます。ある人が，「親を殺そう」とか，「いつも自分をいじめる隣の席の友達を殺してやろう」と思ったところで，実際に何もしなければ罰せられることはありません。しかし，実際に親や友達を殺してしまったとするなら，その人が，常にそのことを思っていたかどうかはあまり関係ありません。親孝行で有名だったとか，友達思いで評判の人物だった，ということももちろん意味をもちません。その人が行った殺人行為に関する責任を問われることになります。

　次に，法は守らなければいけないのか，ということを考えてみましょう。これは法の強制性に関することですが，現在の国民国家制度のもとでは，国が定めた法のうち罰則規定があるものについては，従わなければ刑罰が与えられ，その行為には一定の抑制力がかけられることになります。結果として罰則が与えられる行為を継続することができないような仕組みになっています。一方で道徳はどうか

といえば，親孝行をする，ということは道徳的なことであって，押しつけられることではありません。親不孝な子どもをその理由だけで罰することもできませんから，親不孝を一時的にでも強制的に中断させるということは難しいのです。

　では，なぜ法が存在するのでしょうか，法の目的は何なのでしょうか？　それは**正義**を実現するためです。もしくは，不正義跋扈の是正，不正義状態の回復，です。たとえば，友達に 1000 円借りたのに，そのお金を返さなかったら不正義です。あるいは，はたからみれば価値のなさそうなもの（小学校のときに好きな子からもらった消しゴム）を友達に貸したところ，友達が無くしてしまった，というような場合，貸した人の憤懣は大きいと思われます。一方で友達は消しゴム 1 つでなぜそんなにむきになるのか，といぶかるかもしれませんが。こうした場合，借りっぱなしにしている人は，法的なプロセスに乗ることによって自らが引き起こした不正義な状態を正義の状態に戻すように促されます。

　日本語において，法と正義はまったく異なる単語のようにみえますが，ギリシア語で正義は "dikaiosune" であり，法は "to dikaion" です。また，ラテン語で正義は "iustitia" であり，法は "ius" です。このようにみてみると法と正義は切っても切れないものなのだと実感できます。

　現在の日本を含め，いわゆる近代国民国家においては，西欧で培われてきた近代的な国家法が導入されています。その範囲を千葉正士の『世界の法思想入門』[2]に従ってみてみましょう。私人としての権利に関する民法，個人と団体の商業活動に関する商法，こうした人々や団体（私人間）の紛争を処理するための裁判手続きに関する

---

2)　千葉正士（2007）．『世界の法思想入門』講談社

民事訴訟法，犯罪とそれに対する刑罰を規定する刑法，刑罰を科すための手続きに関する刑事訴訟法，私的個人の立場を公的な基本的人権として宣言し，これを保障する国家権力の組織を定める憲法，国家（や自治体）組織の整備と運営のための行政法，などが主なものと記されています。

　では，法の目的である正義はどのように実現されていくのでしょうか。実は正義の実現には，私人と私人の間，国家と私人の間で大きな違いがありますし，これが民事法と刑事法の違いにつながります。そこで，「法と心理学」に関係のあるこれらの2つのカテゴリーについてみていきましょう。

　民事法とは，私人間相互の関係を規律する**実体法**とその手続きを規律する**手続法**です。刑事法とは，国の刑罰権の行使を規律する実体法とその手続きを規律する手続法です。いま，刑事法を例にとってみると，刑事実体法は，刑法，軽犯罪法です。刑事手続法は，刑事訴訟法，刑事収容施設法です。

　刑事と民事の違いを考えることは重要ではありますが，簡単ではありません。1つの考え方として，不正義を惹起した人を誰が告発するのか，という観点から考えることができます。民事においては，個人が個人を告発するのであり，刑事においては，国家が個人を告発するのです。借金ということについてみれば，お金を貸した人が「返してくれない！」といって訴えることになりますが，これは私人が私人を訴えるという意味で私人間の関係です。現在の日本では借金を返してくれないという問題について国家が介入することはありません。一方で，殺人などの場合，被害者は殺されてしまっているのですから，自分が殺人者を訴えることはできません。家族が代わりにすればいいという考えもあるかもしれませんが，家族がいなければこれも無理です。こうした行為については，国家が私人を訴

えるという方法をとることになるのです。

　交通事故の加害者を例に民事と刑事を考えてみましょう。加害者は被害者に対して民事責任を負い，それとは別に国家から刑事責任を問われることになります。被害者の損害に関してそれを何らかの形で補償し賠償するのは私人間の交渉事であり，民事的な処理なのです。一方，交通事故で他人を加害したことについて，刑事責任を問われる場合には，それは国家が私人に対してある種の力を行使することになります。その刑罰は罰金だったり懲役だったりしますが，それを逃れることはできません（強制力あり）。

　ただし，責任を問われるような事実が存在したのかどうか（交通事故の犯人であるかどうか）については，そのこと自体も裁判によって明らかにされるものであり，裁判を経ずに決まることはありません。また，裁判のやり方には手続きが定められており，その手続きから逸脱した裁判は認められません。その手続きを定めたのが民事訴訟法や刑事訴訟法です。

2　法と社会契約

　法は一種のルールであり規範であり，一定の内容とそれを守らせる強制力とが伴っています。千葉は法を「一方では特有の価値・理念を内包し，他方では正統的な権威・権力に支持されて，許された行為と禁じられた行為を権利・義務として指定し，これをサンクションの制度で補償する，一種の社会規範」であると定義しています。[3] サンクションとは，ある行為に対して社会や集団の成員が反応を行うことですが，単なる意見表明にとどまらず実力行使も含まれています。つまり，社会や集団が，個人の行為に関して，良いと思われ

---

3)　千葉正士（1980），『法と紛争』三省堂，122-123頁。

ることには報酬を与え，悪いと思われることには制裁を科すことにより，その後の行為をコントロールするのです。

　なお，内容に関しては，「良く生きろ」とか「悪いことをするな」といわれても，その文言をどう解釈するかによって，行動は違ってきますから，このような表現は法になじまないものです。内容は明確であることが求められます。具体的な内容が不明確な法を守ることは難しいですし，権力による恣意的な運用が可能になってしまいます。後者，強制力については，誰にも守られない法は，たとえその内容がどんなものであれ，法とはいえません。「悪法も法」という立場は，その内容が妥当ではないとしても人を従わせなければいけない，ということを表現したものであり，こうした強制力をもつのが法だということを表現しています。また，多くの法は規範として作用します。そして人が守れないものであれば規範としては働きません。「サイコロを振るときは必ず奇数の目を出す」ということは規範たりえない，ということは実感できると思います。

3 「罪と罰」と罪刑法定主義

　「**犯罪**とは何か？」と子どもに聞けば，「悪いこと！」と答える子が多いと思われます。あるいは，「おまわりさんに捕まるようなこと」と答えるかもしれません。もしかしたら大人でもそのように思っているかもしれません。

　しかし，近代国家において犯罪とは「法律に犯罪と定められていること」です。このような考え方を**罪刑法定主義**と呼びます。[4] 法律に犯罪だと規定されなければ犯罪ではない，ということにはどのような意味があるのでしょうか。

4）　これに対して，罪刑を法執行者の専断に委ねることを罪刑専断主義と呼びます。

悪いこと，というのは，誰に対して悪いのか，ということと関係します。また，誰が取り締まるのか（罰則を与えるのか），ということとも関係します。約束を守らないのは悪いことだと思われます。では，デートを約束していた恋人同士がいて，片方が会社の都合でデートに行けない，というようなことが起きた場合はどうでしょうか。たしかに悪いことではあります。しかし，警察が出てきて，デートの約束を破ったとして逮捕，ということはありえないと誰もが思うのではないでしょうか。つまり，国家が取り締まるようなことは行き過ぎだと思われます。では殺人はどうでしょうか。これは許されないことであり，国家が取り締まることに違和感がある人はいないと思われます。

　さて，麻薬はどうでしょうか？　大麻を使用することは犯罪なのでしょうか？　日本ではそうかもしれません。しかし違う国もあります（オランダなどでは合法）。アルコール飲用はどうでしょうか。日本では，満20歳以上の者に認められている行為です。しかし，ある国ではアルコール飲用は悪いことであり，れっきとした犯罪になります。

　さて，国によって犯罪かどうかが異なるからといって，ある国のなかで，ある行為が時によって犯罪であったり犯罪でなかったりしたら，どうなるでしょうか？　人々は安心して暮らせませんし，政府が好き勝手に人を犯罪者にすることだってあるかもしれません。そのようなことがないように，あらかじめ犯罪であることを決めておこうというのが罪刑法定主義という考え方であり，国家と市民の関係を安定させるための基本原則なのです。

　このことは，与える刑罰の重さについても同様のことがいえます。あらかじめ法律に書いてある範囲内でしか刑罰を与えることはできません。そして，刑罰を加える範囲については国によって異なりま

す。中国やマレーシアでは，麻薬を所持していること自体が犯罪であり，死刑もありうるとされています。中国に麻薬を持ち込んだだけで，実際に死刑を執行された日本人もいます。この持ち込んだ「だけ」というのは日本国の感覚であり，他の国ではそうではありません。逆に日本では，殺人をしたら死刑という刑罰を与えられる可能性がある，というのは当たり前の感覚かもしれませんが，21世紀においては，死刑を法律で許容している国は多くありません。

　殺人をした人が死刑にならないのはおかしいという気持ちになる人が日本では多いようですが，死刑を執行するのは国であり，国が個人の命を奪うことは許されないと考える人もいるのです。ただし，繰り返しになりますが，罪刑法定主義の原則は近代国家においては守られています。

2　心理学入門──心とは何か

1　心理学のモード：モード1心理学とモード2心理学

　「心とは何か」という問いは，「法とは何か」と同じく難しい問題です。心理学という学問のあり方を参考にしながら考えていきましょう。

　心理学の目的は，心の理解と心に関する知識の増大です。心をどう定義するか，どのように理解するか，について無限定ではなく，一定の制約があります。他の学問と同じように，心理学も，方法と対象によって規定されるのです。心理学の対象は「心理」にほかなりませんが，その細かい内容は，思っていることや感じていることや考えていることなどです。これらの活動のことを認知といいます。ただしこれ以外にも自覚的な行動，無自覚的な行動も入ります。さ

らには，見たり聞いたりといういわゆる五感も研究対象に入ります。感覚研究です。個人的な活動である認知，行動，感覚だけではなく，対人的なコミュニケーションも対象になります。また，こうした諸活動の異常を扱うこともありますし，人間の活動だけではなく他の生き物の活動から人間のことを考えることもあります。年齢の違い，文化による違いなど，そしてもちろん，個人差も扱います。

さて，知識を生産するモードには2つのモードがあります。**学範内関心駆動型知識生産**としてのモード1と**社会関心駆動型知識生産**としてのモード2です。[5)]

学範とは，学問の体系や研究方法全体のことをいいます。心理学という学問のなかで，「面白い！」と思うようなことを続けるのがモード1，社会の要請をうけながら進んでいくのがモード2ということになります。

まずモード1心理学。

感覚，知覚，認知などといった領域があてはまります。たとえば，記憶について考えてみましょう。何かを覚えることが記憶なのでしょうか。覚える行為は，思い出す行為を伴わなければ，確認することができません。そこで，心理学では記憶について，「記銘－保持－再生」というプロセスを考えます。そして，それを実験や調査で確かめるのです。

発達という現象も心理学が扱う対象の1つです。子どもが少しずつ言葉を覚えてしゃべっていく様は，発達として捉えられるのです。青年期にさまざまな悩みをもつこと，老年期に記憶や判断に困難が

5)　モード論の考え方については，以下を参照。
　　佐藤達哉（1998）．「進展する『心理学と社会の関係』モード論からみた心理学——心理学論（へ）の挑戦(3)」『人文学報』（東京都立大学）288，153-177．（サトウタツヤ『学融とモード論の心理学——人文社会科学における学問融合をめざして』〔2012，新曜社〕に再録）

現れる場合があること，などを扱います。多くの人からデータを集めることで，心の発達を記述・理解するのです。

次にモード2心理学。

実践や介入によって直接的に人間や社会のあり方に関する知識を生産していこうとするもので，主に，臨床心理学，産業心理学などがあてはまります。

心理学は医学と同じように，治療的なこともします。仮に，日常生活を大きな問題なく送れることを正常だと定義すれば，そうでない状態に陥っている人もいます。その正常ではない状態を正常な状態に戻そうとする心理学の領域も存在するということです。ただし，医学と心理学が異なるのは，正常ではない状態の原因の考え方です。医学が対象とする身体的疾病の場合，原因が明らかなものがあります。たとえば，結核という病気です。この病気は，原因がわからない時代は不治の病でしたが，結核菌という原因がわかると，その原因を取り除く治療法が開発され，病気そのものが激減しました。「原因 → 症状」という単線的因果関係が明確なため，原因をなくすことが結果（症状）をなくすことになるのです。

しかし，心理学が扱う「正常ではない状態」は，こうした因果関係では割り切れないものが多いと考えられています。たとえば，子どもに対する親の虐待。虐待してしまう親は自分自身も虐待されたことが多いといわれています。では，過去の被虐待経験は，現在の虐待の原因なのでしょうか？ 幼少期に被虐待経験がある人がすべて，我が子を虐待するわけではないですし，被虐待経験がない人でも，虐待してしまうことがありますから，結核に対する結核菌と同じ意味での原因とはいえないことがわかります。

また，周りの人が自分を無視するといって悩んでいる人の原因は，周りの人なのかといえば違う場合もあります。調子がいいときには

人のことなど無視していて，人が困っていても知らん顔，自分が困ったときだけ周りに泣きついても，周りの人は助ける気になれない，などという場合，原因はどこにあるのか難しいですし，単純な因果関係ではないことはわかると思います。

2 実験という研究法

モード1とモード2という比較は，誰が学問を要請するのか，という観点からの整理でしたが，ここでは研究のやり方に着目して整理してみましょう。特に**実験**という方法を紹介していきたいと思います。

実験は，独立変数と従属変数を設定したうえで，独立変数の効果をみるための手法です。たとえば，数字をいくつか聞いて，それを，そのままの順番で復唱するとき（順唱）と逆の順番で唱えるとき（逆唱）とではどちらが難しいでしょうか？

この場合，どのような実験をするかというと，まず何人かの人を集め，2つの群に分かれてもらいます。そして，それぞれ

12，25，39，94，85

という数字を聞いてもらいます。読み上げる数字は同じにします。そして，1つの群には聞いた順に数字を唱えてもらう順唱（12，25，39……）を，もう1つの群には後に聞いたものから唱えてもらう逆唱（85，94，39……）をお願いします。そして，その正解率を比べるのです。

このような実験を行うと（友達同士でやってみましょう），一般に順唱のほうが正解数は多いことが知られています。この実験において，数字の唱え方（順唱か逆唱か）が独立変数であり，その正解率が従属変数ということになります。

「独立変数の影響 → 従属変数の違い」というのが心理学実験の基本となります。順唱のみもしくは逆唱のみのように，ある1つの条件だけを行うのではなく，条件を比較することで人間の心についての知識を積み上げていくのが，心理学実験の基本的考え方です。

3 臨床心理学：相談・治療・診断

次に，主に臨床の領域で活用される，実験以外の手法についても紹介していきます。

相 談　　**相談**は，人に相談したいことをもっている人（来談者）に応対し，問題を共有し被相談者がもっている専門知識を動員しながら問題を解決するものです。友達同士の相談は問題を共有するだけ，ということが重要な場合もありますが（「うんうん，わかるよ，私も振られたときは辛かったから」でも十分なときがある），専門職（プロフェッショナル）としての相談は専門知識を動員して解決の共有を行うことが重要です。

相談はコンサルテーションと呼ばれることもあり，大学では学習相談や進路相談がその重要な領域です。相談を受ける者には専門的知識が必要な領域です。また，相談を受けること自体も専門的な営みであり，ケースワーク領域においてF. P. バイスティックが提唱した「バイスティックの原則」がよく知られています（**表0-1**）。

この原則は，もともとケースワーク領域において発展したものですが，心理やその他の領域で相談を受ける人にとって有用です。

治 療　　**心理療法**とは，心理的苦痛を抱えている人の苦痛を除去するための介入方法の総称であり，主として言語や身体運動を用いるものです。薬物を用いる身体的な治療法とは一線を画しています。

表 0-1　バイスティックの原則

原　則	内　容
個別化（individualization）	クライエントを個人として捉える
意図的な感情表出 （purposeful expression of feeling）	援助者は自分の感情を自覚して吟味したうえで表出する
統制された情緒的関与 （controlled emotional involvement）	クライエントの感情表現に敏感になり大切にする
受容（acceptance）	クライエントの強さも弱さも含めて彼（彼女）自身として受け止める
非審判的態度 （nonjudgmental attitude）	クライエントを一方的に非難しない
利用者の自己決定（client self-determination）	クライエントの自己決定を促して尊重する
秘密保持（confidentiality）	秘密を保持して信頼感を醸成する

（出所）　Biestek, F. P.（1957）. *The casework relationship*. Loyala university press.
（尾崎新・福田俊子・原田和幸［訳］1996. 『ケースワークの原則——援助関係を形成する技法』〔新訳版〕誠信書房）

　心理療法は，心理的苦悩を除去するためのテクニックであり，いくつかの流派があります。歴史的に古いのはオーストリアの医師のS. フロイトが創始した精神分析です。このほか，アメリカの心理学者 C. R. ロジャーズによる受容的カウンセリング，科学的心理学である行動主義の考えを活かした認知行動療法などがあります。

　精神分析は，人間の心を大きく意識と無意識に分けて，無意識によって引き起こされる行為が心理的苦悩の源泉だと考えるため，夢や自由連想を用いて主として会話によって心理的問題の除去や解決を考えるものです。フロイトのほか，C. G. ユングや E. H. エリクソンなどが代表的な精神分析学者です。ユングは集合的無意識，エリクソンはアイデンティティ（自己同一性）に関する理論を作り上げ

ました。

　受容的カウンセリングは，心理的な問題を成長のつまずきや障壁として捉え，成長を促すことを重視します。これは，心理的苦痛や行動の除去という側面よりも自己成長を重視するものです。カウンセラーとの対話を通じて自己の成長を実現するというロジャーズの考え方は，心理学が精神医学と差異化を図るために重要な論点を含んでいますが，言語のやりとりに過剰に依拠するという欠点があります。

　認知行動療法は，歴史的にはもともとあった行動療法と，その後発展した認知療法に分かれていました。心理的な問題を外部から定義可能な行動や認知の問題として捉えたうえで，それらを修正することで問題解決にあたるものです。心理療法という語が心理的苦痛の除去という面を強調するのに対して，問題行動，苦痛を生じる行動を除去するためのプログラムを提供するという視点にたつのが行動療法です。心理的な問題を考え方の歪みや認知的な癖として捉え，それを修正することで問題を解決しようとするのが認知療法です。現在はこれらが統合されて認知行動療法として活用されています。

　これ以外にも家族療法のように司法臨床で重視されるテクニックもあります。このことについては第Ⅳ部を参照してください。

診　断　　診断系心理学は人の状態を判断するものです。「あの人はアタマがいい人だ！」「あの人はバカだ！」というような言い方は日常的にありふれていますし，単なる評判に過ぎません。こうした評判に関する判断は，それが極端であれば，誰にでも簡単にできますし，その評判も一致するでしょうが，そこまで極端な場合は多くないでしょう。

　さて，学校の成績が悪いとき，その成績不振がどの程度のものな

のか，その原因は何なのか，を妥当な方法で理解する必要があり，それが心理学的診断の目的の1つになります。

　一般に，精神鑑定は精神医学領域のものであり免許をもった医師が行います。心理学者が行うのは知能検査などを用いた精神遅滞の問題です。知能検査は20世紀初頭にフランスの心理学者のA.ビネが開発した診断ツールです。

　ビネは，注意，判断，推論，記憶などの高次の機能をみることができるような項目を集めて知能検査を作りました。また，彼は（現在では常識になっている）「子どもの年齢による知的水準の違い」に着目しました。3歳より4歳，4歳より5歳のほうが賢い，という日常的常識を取り入れて，目の前の子どもの実際の年齢（生活年齢）ではなく，何歳水準の知能をもっているのか（精神年齢）を理解しようとしました。

　なお知能指数（IQ）とは，「精神年齢÷生活年齢×100」によって結果を表現しようとしたものです。この算出式は，比率による表現であるため，数字で表わされていますが量を示すものではないことに注意が必要です。

　第2世代の知能検査を開発したのがD.ウェクスラーです。彼が開発した検査は2つの下部領域から成っています。課題を理解し完成させるために言語が必要かどうかによって，言語性検査と動作性パフォーマンス検査という2つの領域があります。したがってこの検査は全体のIQだけではなく，言語IQと動作IQを算出することが可能となっています。

4　発達と成長

　前項のIQの例でもわかるように，人間を対象とする心理学には発達という視点が欠かせません。**発達**は，年齢による精神や行動の

変化のことを指します。これまでは成長と衰退というパターンで論じられることが多かったのですが，最近では，年齢を重ねること＝老化というだけではないと考え始められています。なお，発達は一般的に非可逆的な変容のことを指します。体重が増えたり減ったりは年齢が原因なのではなく，個人の食生活と関連しますから，発達とはいわないのです。

　成長とともに非可逆的に変容するもの（いわゆる成長）の例としては，（質量）保存の法則の理解があげられます。たとえば，細長い（背の高い）コップに入っている水を平べったい皿に移すと，その前後で水の量の増減はありません。しかし，子どもはコップから皿に水が移ると減ったと考えてしまいます。これは，3次元で考えるべき量を高さという1つの次元で代表させて考えるからですが，こうした考え方は，6〜7歳までは維持されるとされます（J.ピアジェのいう前操作段階において保存は成立しないが，具体的操作段階に入ると保存が成立する，ということです）。

　年齢とともに成長するがある時点から衰退するものと，加齢しても衰えないものとを区別しようとしたのは生涯発達心理学を作ったといわれるP. B.バルテスです。バルテスは推論など情報処理のあり方に関係する流動性知能と経験を通じて獲得された知識である結晶性知能について研究を行い，後者は衰退しないことを示し，こうした知能のことを**知恵**（wisdom）と名付けました。

3 法律相談／リーガル・カウンセリング
──法と心理の接点としての相談

　この節では，法律分野で行われている相談・カウンセリング・面

接を取り上げ，それを概説するとともに，人と人のコミュニケーション（会話）で成り立っているこうした活動に共通する心理学的なスキルのあり方について考えてみましょう。まず基本的なスキルのあり方です。

1 法律相談／リーガル・カウンセリング

　法律相談とは，市民にとって弁護士との接触の場であり訴訟への入り口です。法を用いて私的な紛争を解決するという考え方は日本ではあまりなじみはないですが，当事者同士による解決やアンダーグラウンドな勢力を利用しての解決とは異なる解決手段として有効であることは論をまちません。さらに，現実の紛争が法廷に持ち込まれて結論が出されることにより，判例法が形成される意義もあります。判例は誰でもアクセスできる解決法ですから，解決の透明性も増すことになります。一方で法律相談が難しいのは，相談者は法的な知識がないなかで会話を行っているということです。また，隠された動機というものがある場合もあり，来談者が何を目的にしているかわかりにくい場合もあります。

　リーガル・カウンセリングは法律相談における非法律的問題に考慮することがあることを示す考え方です。D. A. バインダーらは，弁護士は単に機械的に法適用を行う存在ではなく，個々の依頼人に対してより人間的に対処しなければならない，としています[6]。たとえば，自分の建物を貸している大家さんが，家賃の滞納が続く店子を立ち退かせたいといってきたとしましょう。一般的に，改造，転貸の事実などのように，関係を破壊するような行為がなければ，立退きを要求するのは無理であるというのが法律的な見解です。とこ

---

6) Binder, D. A., Bergman, P. & Price, S. C. (1991). *Lawyers as counselors: A client-centered approach.* St. Paul, Minn West.

ろが，大家さんにこのことを伝えても，満足しないということがあります。実際にはこの大家さんは，先代からの縁でほかよりも安い家賃で貸しているにもかかわらず滞納があり，しかも請求しても支払わないという態度そのものへの不信があるということがわかりました。この大家さんの本当のニーズを汲み取り，店子の態度を改めさせることは弁護士の業務ではないということになるのかもしれませんが，リーガル・カウンセリングという考え方をとれば，そのような拡張もありえることになります。

2 聴くための質問の型

　一般に会話では，話すことが大事であり，話し方教室などが開かれたりしますが，相談やカウンセリングにおいては，「ききかた」が重視されます。日本語の「きく」には（聞く・聴く・訊く）という漢字をあてることができます。重要なのは「聴く」姿勢です。ところが，権威に寄りかかることが多い職業においては，聴くべきはずが「訊く」になっていることが多いようです。

　質問の仕方には2種類あります。**オープンクエスチョン**と**クローズドクエスチョン**です。オープンクエスチョンは，答えの選択肢を提示しない質問でさまざまな情報を得るのに適しています。しかし，答える側の話が冗漫になりやすいことや，寡黙な人は何もしゃべることができなくて困る，ということがあります。クローズドクエスチョンは，回答の選択肢まで示す質問の方法で，回答者は答えやすく，質問する側が知りたい情報を得るのに適しているのですが，やり方を間違えると詰問や誘導になりやすいという欠点があります。

　たとえば，来談者がお金を貸した相手から「もう金は返さない」といわれた場面についての質問の仕方を考えてみましょう。「どう感じましたか」ときくのはオープンクエスチョンです。「不快に感

じたのではないですか」という問いは，YES – NO で答えられますから，クローズドクエスチョンです。「不快に感じたと思いますが，その後何を言い返しましたか」という問いは，前半部分で，「不快に感じた」と決めつけているような部分があり，誘導が入っているということになります。

　一般に，オープンクエスチョンが効果的なのは，面接の最初期や来談者の訪問目的や法的問題がわかっていないときなどです。クローズドクエスチョンが効果的なのは，面接の焦点を絞りたいとき，相談者の具体的な法的主張について検討したいときなどです。

3　相談を受ける側が知っておくべき重要な心理的プロセス

　近い将来，法律相談は AI（人工知能）に取って代わられるという考え方もありますが，現時点では人と人の生のコミュニケーションで行われています。そうであれば，人間同士のコミュニケーションに関する癖や誤りやすい特徴を知っておく必要があります。

　転移と**逆転移**です。転移はもともとは臨床心理学（より正確には精神分析）の用語です。来談者の側がカウンセリングなどの過程で，来談者が過去に出会った人物（養育者である場合が多い）に対する感情や態度を，相談を受ける人に対して向けることです。相談を受ける側からすれば，来談者がある感情を自分にぶつけてきたときに，それは私ではなく，来談者が誰かほかの人にぶつけるべき感情を自分にぶつけている可能性があると考えることが大事になります。それに対して逆転移は，相談を受けている側が来談者に対して自分の感情を向けてしまうことをいいます。転移および逆転移には，陽性と陰性があります。陽性はポジティブな感情，陰性はネガティブな感情のことですが，転移および逆転移においては，陽性だから良くて陰性だからダメだということはありません。陽性であれ陰性であ

れ，それに気づいて自制することが求められるのです。

　転移や逆転移という現象は，まず理論的に知っておくことが重要ですが，自分でその存在に気づくことは困難です。臨床心理学などでは，スーパーバイザーに助言を受けることで，転移や逆転移に気づくこともあり，その対応を行うことができるようになります。法曹が行う相談では専門的知識が着実に使用できたかどうかが重要ですが，心理面に注目するならば，来談者と自分自身の感情の動きに敏感になっている必要があるということなのです。

▌ **4** 「法と心理学」のはじまり

　多くの文献が，1893年にJ. M. キャテルが行った研究を[7]，法と心理学領域における最初の試みであると評価しています。具体的には，1週間前の天気を尋ねるなど，きわめて簡単な事実確認の実験でしかなかったのですが，日常的な記憶と想起の曖昧さを明確に示すことになったため，大きなインパクトをもったのでした。

　この実験の特徴は以下の点にあります。

①実験者が正答を知っているからこそ，被験者の回答が正確かどうか知ることができた。
②多くの被験者に実験をしたからこそ，不正確な人の割合を定量的に示すことができた。
③誰でも類似の実験を行い，実験の確かさを検討することができた。

---

7)　発表は1895年；Cattell, J. M.（1895）. Measurements of the accuracy of recollection. *Science*, 2（49）, 761–766.

一方，この実験には法学の側から心理学実験に向けられている批判も（実験が単純なだけに）わかりやすい形で見出すことができます。つまり，

①実際の事件では，正答を知っている人はいない（いないから争いになるのである）。
②裁判における判断は，多数人のなかの割合によって行うのではない。皆が同じことをいったからといってそれを正しいと判断するわけではない。
③争われている事件を実験という形で再現することに意味はない。出来事は1回性をもつ。
④研究者にとって身近なだけの被験者（大学生）を用いた実験は有効だろうか，という疑問も生じる。

　ただし，こうした実験が1893年に至るまで行われなかったことからもわかるとおり，たとえ今からみて単純でかつ批判される点はあったにせよ，このような実験は心理学という分野が形を整えるまでは不可能だったのでした。
　その後，キャテルの研究が呼び水となって，多くの研究が行われました。そして，正しいと思われていた記憶や想起がそれほど正確ではないという証拠が積み上げられていき，証言の用い方について疑義が呈されることになったのです。証言が信用できないという主張は，記憶がそもそも頑健ではないという主張と，証言が暗示・誘導によって歪むことがある，という心理学的事実によって支えられていました。そしてドイツの心理学者のW.シュテルンが，「間違いのない記憶は，法則ではなく例外である[8]」と警告するに及び，証

---

8) Stern, L. W. (1902). *Zur Psychologie Der Aussage*. Berlin: J. Guttentag. p. 327.

言の信用性への問題提起はピークを迎えることになりました。

📖 ブックガイド

千葉正士（2007）．『世界の法思想入門』講談社

　　私たちが法をどのように考えているのか，ということを西洋のみなら
ず世界のさまざまな法に照らして考察することで，法についてより広い
視野から考えることができる著書。

サトウタツヤ・渡邊芳之（2011）．『心理学・入門──心理学はこんなに
　　面白い』有斐閣

　　心理学のさまざまな分野について，わかりやすい表現で説明している
著書。身近な現象を対象にした説明も多く，そこから理論や概念を知る
ことができる。

菅原郁夫・岡田悦典編（2004）．『法律相談のための面接技法──相談者
　　とのよりよいコミュニケーションのために』商事法務

　　法律相談を，相談事項に法をあてはめるだけの行為ではなく，来談者
の心に寄り添う行為として考えている。早い時期からこの分野について
まとめた先導的な著書。

サトウタツヤ（2012）．『学融とモード論の心理学──人文社会科学にお
　　ける学問融合をめざして』新曜社

　　法学と心理学という異なる学範（ディシプリン）の融合領域を研究す
るために，どのような思想的基盤をもてばいいのか。モード論という科
学・社会学的理論を中心において考察している。

第Ⅰ部

「法と心理学」入門

第**1**章 生活と法と心理
生活の出来事を「法と心理学」の視点から読み解く

キーワード　ストーカー，罪刑法定主義，道徳，ハインツのジレンマ，ケア，レスポンシビリティ，公正，公正世界信念，田園型事故，コリジョンコース現象

● **学習内容**

　この章では，法と心理の関係を考えるにあたり，生活に身近な話題から法と心理の関係について考えていきます。ストーカー行為の規制は法によってどのように可能で，どのように不可能なのか。道徳的な判断とは何か。公正についてのさまざまな判断基準や人々が求めているジャストワールド（公正世界）の功罪，そして，交通事故において田園型事故とその防止に法と心理が果たす役割，など順をおって考えていきます。

1　生活と法

事例 1-1　ストーカー殺人　2010 年，30 代のデザイナーが元交際相手で無職の容疑者（40 代）に刺殺されるという事件が起きました。自殺した容疑者はこの事件の前年に，被害者に対して「殺してやる」などのメールを送ったとして脅迫罪で逮捕され，執行猶予の判決を受けていました。執行猶予判決を受けた後でも，容疑者は被害者に対してメールを出していたといいます。その数は 1000 通を超えていましたが，決して「殺してやる」などとは書いていなかったといいます。被害者は警察に相談しましたが，ストーカー規制法には，メールの連続送信を禁じる規定がなく，メールの内容も脅迫的

25

なものではないと判断されたといいます。

　いわゆるストーカー規制法が最初に制定された 2000 年には，メールのやりとりは一般的ではなかったので，電子メールに関する明文規定がなかったのです。県警幹部は「取り締まろうにも根拠となる規定がなかった」といっていたようです。

　一般常識からすれば，1000 件のメールを送ることは，いわゆるストーカー行為だと思われます。しかし，ストーカー規制法に明文規定がないから，電子メールを 1000 件送ることはストーカーにはあたらない，とせざるをえないのが警察の立場なのです。なぜ，こういうことが起きるのでしょうか？

1 ストーカー行為を法として禁止する

　「**ストーカー**行為等の規制等に関する法律」（ストーカー規制法）は，2000 年 5 月 24 日に制定されたものです。

　1999 年 10 月に発生した桶川ストーカー殺人事件において，所轄の埼玉県警上尾署が被害者と家族からの被害相談をきわめてずさんに扱っていたことなどが問題になり，世論の後押しもあって，法律が制定されました。

　この法律で規制するのは「ストーカー行為」ですが，その内容は「つきまとい等」の行為を反復して行うことです。

　しかし，この後，2012 年 11 月に発生した逗子ストーカー殺人事件（事例 1-1 はこの事件をモデルにしたものです）を受けて 2013 年 6 月に改正が行われ，さらに 2016 年 5 月に発生した小金井ストーカー殺人未遂事件を受けて 2016 年 12 月に改正が行われました。

　こうした改正が行われる背景には，法律における行為の禁止を規定することの難しさがあります。法律で禁止する行為を明確にすることは，後述の罪刑法定主義の原則から考えても当然です。また，公権力が男女間の関係（私人間の関係）に過剰に介入すべきではな

いという考え方もあります。ところが，世の中の技術が進展すると，私人間の交際関係に関する手段が新しく開発されて，これまでにない手段が使われるようになっていきます。

　ストーカー行為やそれを規制する法のあり方の変化から，法が社会の時間的進展とともに変化していくことが難しいという点について考えてみましょう。[1)]

2 罪刑法定主義

　罪刑法定主義という考え方によれば，何が犯罪なのかそうでないかは，国家があらかじめ法律で定めておくことです。この事件が起きた2012年においてストーカーを取り締まる法律（ストーカー規制法）には以下のようにあります（1条）。

> 「ストーカー行為を処罰する等ストーカー行為等について必要な規制を行う」

　それならば，先ほどの容疑者の行為も規制されてよい，と思うかもしれませんが，2条において，「つきまとい等」と「ストーカー行為」が定義されています。制定当時の同法2条1項によれば，

> 「この法律において『つきまとい等』とは，特定の者に対する恋愛感情その他の好意の感情又はそれが満たされなかったことに対する怨恨の感情を充足する目的で，当該特定の者又はその配偶者，直系若しくは同居の親族その他当該特定の者と社会生活において密接な関係を有する者に対し，次の各号のいずれかに掲げる行為をすることをいう」

---

1)　法は（あるいは，法のもとになる論理的思考は）時間を扱うのが苦手なのかもしれません。

とのことであり，ますます，先の例はあてはまりそうにみえます。

　しかし，です。次に示す同項の各号が問題で，1号から8号まで具体的な行為が列挙されています。その5号は，

> 「電話をかけて何も告げず，又は拒まれたにもかかわらず，連続して，電話をかけ若しくはファクシミリ装置を用いて送信すること」

なのでした。法が最初に制定されたときには，電子メールは普及していなかったのです。法を制定した当時は，ファクシミリをガンガン送りつける，ということが問題になっていたのでした。「電子メールを連続して送ることだって，ファクシミリを送るのと同じじゃないか！」と思うのが普通の人の感覚というものとも思われるのですが，罪刑法定主義という考え方では，電子メールの連続送信があてはまらないと考えるのであり，それが，法的感覚なのです。

　その結果として，具体的にこの事件において1人の人を助けられなかったという事実が残りました。そのため，この事件を契機に法改正が行われましたが，さらに小金井ストーカー殺人未遂事件が起きました。そしてまた規制法は改正されました。改正を先回りして行うようなルールを作るか，逆に法による規制ではない方法で行為を防ぐことが求められているのかもしれません。

▌2　道徳判断の諸相──道徳から配慮へ

　道徳と似たような言葉に，倫理，正義があります。道徳・倫理・正義，何がどう違うのでしょうか。正義は断じるもの，倫理は抱え続けるもの，道徳はしつけられたもの，という言い方があります。[2]

道徳に関する研究に心理学的な実験を導入してこの分野を切り開いたのはアメリカの心理学者L.コールバーグです。彼は「**ハインツのジレンマ**」という葛藤状況のストーリーを用いて子どもたちの道徳段階を判断しようと試みました。

　　ある夫婦の妻が癌で瀕死の状態にあった。妻の癌は，同じ町の薬屋が発見した2000ドルのラジウムを薬として用いれば，治る可能性があった。しかし，夫（ハインツ）は1000ドルしか用意することはできず，薬屋に値引きか後払いを要求したが拒否された。
　　夫は思いつめ，妻のために薬を盗んだ。
　　この夫・ハインツの行為は是か非か。その理由は何か？

　つまり，葛藤を抱えた（＝妻を助けたいがために窃盗をした）ハインツのとった行動に賛成か反対かを子どもたちに尋ね，さらに，その理由を尋ねたのです。

　さて，「盗みと妻を見捨てるのと，どっちが悪い？」という問いにすぱっと即答するということは，割りきった態度であり，自分が考えている正しさの尺度（つまり正義）をあてはめることです。「何が正しい？」という問いに対して「これが正しい！」と回答できることは，悪いことではないかもしれませんが，そうした即断主義が道徳的な態度であるかどうかは別問題なのです。

　この問いにおいて，答え自体は実は重要ではありません。この行為が良いとか悪いとかの，答え自体は重視されないのです。そうではなく，子どもの判断プロセスが問われます。たとえば，「薬を盗んだら警察に捕まるから悪いことだ」という答えと，「たとえ捕まらずに逃げおおせて警察に罰せられずとも，自分の良心の呵責にさ

2）サトウタツヤ（2015）.『心理学の名著30』筑摩書房

表 1-1　コールバーグの道徳水準

水　準	内　容
Ⅰ　前慣習的水準	偉い人（権威）が決めていることに従わなければいけないという理由で行為する。
Ⅱ　慣習的水準	他者からの期待に沿って行動すべきだという理由で行為する。
Ⅲ　脱慣習的・原理的水準	自ら主体的に考えて行為し，場合によっては法を変えるという判断もできる。

いなまれるから悪いことだ」という答えとでは，回答自体は「悪い」であり同じです。しかし，捕まるから悪いという回答と捕まらなくても良心が痛むから悪いという回答では，道徳判断の水準が異なるとされるのです。当然ながら，捕まるから悪いという回答の水準は低いとされます。

　こうした研究を行ったうえで，コールバーグは道徳の水準を**表1-1**の3水準としました。

　ある行為に対する判断が，同じ「悪い」という意見でも，その回答の（内容ではなく），考え方によって道徳の発達段階（および水準）が異なるとされることになります。罰せられることは悪いことだという答えの道徳水準は低いとされるのです。

　ある男児が，この葛藤を他者の所有権の侵害と生命尊重の問題（生存権）として捉え，両者を比較衡量したうえで盗みを是としました。こうした判断は「妻が死ぬと悲しいから」盗みを是とするような判断とは異なっており，高い道徳水準であると判断されることになるのです。

　一方，コールバーグの実験に参加したある女児は以下のように考え，回答することができませんでした。妻は死んではいけないし，盗みはよくない。その理由としては，「ある1人の人が死ぬことは多くの人との関係性が途絶え悲しむことになるし，盗みを行うこと

はその人が行っている商売を軽視することになる」というものでした。そして，「お金を借りたら良いのでは？」ということにたどりつきました。こうした答えは，コールバーグの論理からすると回答を避けており，解決の先延ばしでしかなく，道徳的判断ができない道徳水準の低い子であるとされてしまいました。

こうした考えに反旗を翻したのが女性心理学者 C. ギリガンです。彼女は，二項対立を重視する男性的な思考に対して，関係性を重視する**ケア**（配慮）という**レスポンシビリティ**（応答性）を重視すべきと主張しました。

何が道徳的に正しいか，ではなく，何が自分にとってできるのか何に配慮すべきなのか，ということを考えていくべきだ，というものです。ケアの倫理です。こうした考え方は，大きな意味ではフェミニズムの考え方を創り出していくことになりました。[3]

3 「ずるい！」という感覚，公正，ジャストワールド（公正世界信念）

以下の文章は架空のものですが，こういう思いをした人は少なくないのではないかと思います。

親戚のおばさんが久しぶりに我が家にきてくれた。4月から高校生になるってことでお祝いまでもらっちゃった！　ラッキー！でも，弟もちゃっかりお小遣いをもらってる。しかも私のお祝いと額が同じ。もちろん，文句はいえないけど，弟は中2から中3になるくらいなんだし，私のほうが年上なんだし，こっちは進学

3）　前掲2）のサトウ（2015）参照。

なんだし……。同じ額ってのはおかしくないかなぁ。

　私たちは，「何が公平なのか」などということをアタマで考え文章化することは難しいものですが，自分が不利益を被っているかもしれない，ということには敏感なようです。上の例など，自分はお祝いをもらって嬉しいにもかかわらず，もらった金額が弟と一緒だということでなぜか不満に思えてくる。弟はずるい，という気持ちにさえなるから不思議です。なぜ，こういう気持ちになるのでしょうか。公正ならびに公正の感覚について考えていきましょう。

1 公正の基準

　ここでいう**公正**とは，資源の配分に関わる公正です（少し狭い意味かもしれません）。人生全体が公正だとか，あの人があんな目にあうのはひどい，というような公正感は，本節3項のジャストワールド（公正世界信念）仮説で扱うことになります。

　ここで，資源とは石油資源のような資源のみならず，日常生活上の食べ物やお金，地位名声のようなものまでを含み，その資源の分配に関わる公正のことを，分配的公正（distributive justice）と呼びます。分配的公正には3つの基準があります。第1が衡平（equity）であり，各自の投資した資源と受け取った資源（報酬）とが見合うことが公正だとする考え方です。いわゆる成果−報酬主義です。第2に，平等（equality）の基準があります。ある同じ集団内の成員であれば，資源を均等に配分することが公正だと考えることです。第3が必要性（need）の基準です。資源を必要としている人に多くの資源が分配されることが公正であるとみなされます。

　滑田明暢は以下のような例をあげて3つの公正の違いを説明しています。[4)]

3人での引っ越し作業を終えたときにおにぎりが6個ある。

　衡平の基準を重視すれば，最もよく働いた人におにぎりが3つ配られ，次によく働いた人に2つ，最も働かなかった人に1つという分配をすることが公正。

　平等の基準に従えば，誰がどれだけ働いたかにかかわらず，各人に2つずつ分配されるのが公正。

　必要性の基準を重視するなら，より身体が大きい人とか，中年よりも育ち盛りの年齢，とか，朝食を十分食べてきた人よりも事情によって朝ごはんを食べずに来て倒れそう，という人にたくさん配分することが公正。

　衡平，平等，必要性という基準の用い方で結果が異なることがわかります。

2 公正判断の方程式

　では，なぜ，公正の基準は1つではないのでしょうか。公正には，「正しい」という単語も入っているのだから，1つだけに決まってもよさそうなものです。

　公正は，個人の問題というよりは，社会生活を送るうえで，集団の他の成員との関係で問われることが多いものです。そうであるなら，集団そのものの目標が異なれば公正の基準も異なってくるのかもしれません。実際，複数の基準が存在する理由の説明の1つに，集団の目標の違いが基準を分けているという考え方があります。[5]　衡

---

4) 滑田明暢（2012).「正義と公正感情」サトウタツヤ・若林宏輔・木戸彩恵編『社会と向き合う心理学』新曜社

5) Deutsch, M.（1975). Equity, equality, and need: What determines which value will be used as the basis of distributive justice? *Journal of Social Issues*, 31 (3), 137–149.

第1章　生活と法と心理　33

平基準（いわゆる成果－報酬主義）が公正だと受け入れられるのは，集団の目標が「成果をあげる」ことである場合に適合します。一方，足並みをそろえて不満を出さないようにすること（社会的調和）が集団の目標だとすれば，平等基準が適していることになります。困ったとき，困った人にはより救いの手が伸べられてほしいという目標（福祉）が集団にあるのであれば，必要性基準が重視されることになります。

　以上の考え方を基本として，社会心理学では公正感を式で表すことがあります。大渕憲一は，公正の感覚を「公正＝処遇÷適格性」という式で表現しています。公正感とは1つの集団においての適格性と個人が受けた処遇の釣り合いによって形作られるものなのです。[6]この式における処遇は，個人が受けた対応や結果であり，適格性は「ある人がどの程度の資源を受けるに値する資格をもっているか，権利をもっているかということ」を意味しています。[7]その適格性は集団の目標あるいは集団における正義が反映されているのです。

　先ほどの3つの基準にひきつけていえば，たとえば，必要性基準をとっている集団は，集団の目標が福祉の実現であり，適格性（資格，権利）にあたるのが必要性ということになります。必要な人に必要な処遇を与えるのが公正，ということになるのです。

　例をあげてみましょう。給与体系は一般に，年齢給＋成果給＋手当になっていることが多いです。現在の日本の企業では，年齢給が占める割合が大きいのが特徴です。これは，ある会社の同じ年齢という集団に属する場合は同じに扱うことが公正だという考え方に基づくものです。つまり，集団の目標が平等にあるのかもしれません。

---

6)　大渕憲一編著（2004）．『日本人の公正観——公正は個人と社会を結ぶ絆か？』現代図書

7)　同上，46頁。

扶養家族がいる場合には手当がつく，というのは，必要性基準に基づく公正の実現です。役職に関する給与支給について，それが役職給になっていれば，成果主義ですが，役職手当となっていれば必要性基準に基づくことになります。日本において役職「手当」が多いとすれば，それは，衡平基準，いわゆる成果 – 報酬主義を嫌うことの表れかもしれません。

3 ジャストワールド

公正世界信念とは，「自分たちは公正な世界に生きている」という世界観であり，世の中のすべての現象は公正であってほしいという欲求でもあります[8]。

公正世界信念は，普通の生活を送るために重要ではありますが，時に，大きな被害にあった人に対して冷たくあたるような面ももっています。大きな悪いことが起きる人は，きっと，そういう目にあうような人だったのだろう，と納得してしまいがちだからです。

痴漢にあった女性に対して，「あんたがそんな短いスカート履いてるからよ！」というような言い方も，ミニスカート姿が犯罪者の欲情を誘発した，という犯罪メカニズムの説明であるというよりは，「痴漢にあう」ということは誰にも起きるのではなく，それを誘うような格好をしている人に対して起きる，つまり，「痴漢にあうようなことをするから痴漢にあうのだ」というような非難的物言いを含意していることが多く，一種の公正世界信念の表明であることが多いものです。ただし，こうした言い方は，被害者からみれば二次被害を作り出していることに注意しなければいけません。

また，幸せな家庭，幸せそうな人ほど，ひどい事件にあったとき

---

8) Learner, M. J. (1980). *The berief in a just world: A fundamental delusion.* Plenum Press.

に（同情ではなく）ひどいうわさを流されることがあります。たとえば，ある家族が幸せに暮らしていたのに，ある日，夫と子どもが交通事故で亡くなってしまう。そうした場合，人々は，「なぜそのようなことが起きてしまったのか」を納得するための推論を始めてしまいます。そのうち，誰かが「今は良い夫でもおそらく若い頃は悪かったのかも……」などという考えを口に出します。悪い結果が起きるためには，その人も悪い人でなければならない，という推論が作動してしまうのです。どのような憶測・うわさも被害者に二次被害をもたらす可能性があることに留意が必要です。いわゆる，心ないうわさ，ひどいうわさの理由の1つは「公正な世界」を構築するためなのかもしれません。

4 過失・有責・社会政策
——交通事故としての田園型事故を通して

　日ごろのニュースには交通事故の話題も後を絶ちません。本章の最後に，心理学が交通事故の抑止に役立てられたケースも紹介したいと思います。

　交通量が少なく見通しのよい交差点で起こる自動車の出会い頭の事故が，北海道の道東地方で多く発生することから，かつて十勝型事故と名づけられていました。ただし，それだと十勝の方々に失礼なので，今では**田園型事故**と改名されています。ある架空の事故についてみてみましょう。

　事例 1-2　見通しがよい交差点での出会い頭事故　ある8月のことでした。この日は朝から強い日差しが照りつける暑い日でした。午前

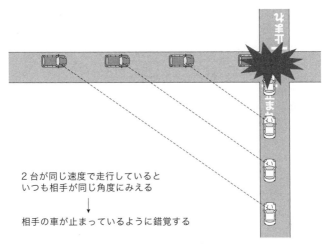

2台が同じ速度で走行していると
いつも相手が同じ角度にみえる

↓

相手の車が止まっているように錯覚する

図 1-1　田園型事故

> 10時半ごろ，帯広市の市道交差点で，6人乗りのワゴン車が飼料運搬トレーラーと出会い頭に衝突しました。同僚の6人が帯広空港に上司を見送った帰りの事故でした。交差点に至る道路は長い直線で，視界をさえぎる物も少ない見通しのよい道でした。
>
> （実例をもとにした架空事例）

　この事件について新聞，テレビ各社は「典型的な十勝型事故」と報じました。広い道幅に長い直線でスピードが出やすい農村部を中心に，一時停止や安全確認を怠った出会い頭の事故が起こるようになることはよく知られていたからです。

　では，原因はスピードの出し過ぎだけでしょうか？　もちろん，スピードの出し過ぎも問題です。ただし，スピードだけではなく，人間の目の錯覚も問題なのです。

　視界には「よくみえる部分」と「なんとなくみえる部分」の2種類があります。つまり，1つは中心視野で，左右両方の目で同時に

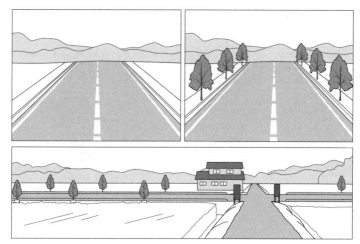

（注）　見通しのよい平野部における新設道路等歩道の設置場所においては，樹木を
　　　　植えた景観のよい道路作りを，また，既存の歩道があればプランター植木ない
　　　　し灌木材を利用した縦長の安全標語看板，歩道のない道路においては路側部分
　　　　に安全標語看板を設置する。
（出所）　岐阜県公式サイト（http://www.pref.gifu.jp/s18890/bunseki/syuuhen.htm#；
　　　　2012 年アクセス）より作成。

図 1-2　岐阜県警察本部の取組み「周辺視野アシスト作戦」

みている部分であり，もう 1 つは周辺視野といい，中心視野（正面
の 30 度くらい）から外れた部分です。周辺視野については，右か左
の片方の目でしかみることができないため，中心視野に比べてはる
かに注意力が落ちるといわれています。

　図 1-1 のように，交差する道路を走る 2 台の車が一定の速度で
走っている場合，互いに相手の車が同じ角度にみえつづけることに
なります。

　運転している時にずっと正面ばかり向いていると周辺視野でしか
「交差する道路を走る車」をみていないことになります。しかも周
辺視野でみていると，いつも同じ位置にみえる（止まっている）も

のは背景として扱ってしまい，車の存在自体に気がつかないのです。

　これを不注意と呼べるでしょうか？　あるいは，不注意と呼んだとして，何か事態が改善され，事故は減るでしょうか？

　この現象は**コリジョンコース現象**として知られています。コリジョン＝衝突，コース＝進路です。

　たとえば，アメリカでは，あえて交差点を直交させない交差点を作っていることもありますし，日本でも岐阜県警察本部が，周辺視野アシスト作戦を展開しています（**図1-2**）。

　見通しがよいからよくみえる　→　事故が少ない，という考え方は常識的なものですが，人間の視覚特性と合致していないため，見通しを悪くする交差点を作るという取組みです。こうした取組みも，「法と心理学」の取組みに入ることになります。

📖 ブックガイド

守山正（2019）.『ストーキングの現状と対策』成文堂
　　逗子ストーカー事件の被害者の兄が，ストーカー行為（ストーキング）の現状と警察の対応等を解説し，さらに海外の対策についても紹介しながら，日本の対策について論じている。この書は専門書であり，一般書であれば小早川明子『「ストーカー」は何を考えているか』（2014，新潮新書）もおすすめ。

大渕憲一監修（2016）.『紛争・暴力・公正の心理学』北大路書房
　　大渕教授を中心に紛争や暴力，そして，公正について社会心理学的立場から包括的に論じている。

サトウタツヤ・若林宏輔・木戸彩恵編（2012）.『社会と向き合う心理学』新曜社
　　公正のことはもちろん，人々が社会と向き合い，生きていくうえで大切な心理学について，さまざまな切り口から心理学を考える本。えん罪についても触れられている。

第**2**章 犯罪と心理
加害と被害そして修復と回復

キーワード　遺伝論，単変量遺伝解析，遺伝，共有環境，非共有環境，クレプトマニア，精神疾患，反社会的パーソナリティ障害，動機，社会的絆，分化的接触理論，解離反応，二次被害，回復

● 学習内容

　本章では犯罪にかかる心理として，加害と被害について修復や回復という視点に焦点を合わせた心理学について扱います。基本的に裁判という場において，加害と被害の両当事者は対立的な関係に位置づけられます。ゆえに多くの人が裁判という場は，加害行為者を一方的に罰するための制度と捉えているように思います。しかし実際には加害行為者と被害者の間には何らかの人間関係がある場合が多く，またその多くは家族や親近者であることも少なくありません。

1　犯罪——犯罪行為の原因論

事例 2-1　認知症母殺害心中未遂事件　2006 年，京都市にて，事件当時 50 代の男性が，認知症の母親（80 代）の首を絞めて殺害し，その後，包丁で自らを切りつけた後に近くの木で首を吊ろうとしたところで意識を失いました。約 2 時間後に通行人が 2 人を発見し，男性だけが命を取り留めます。首に巻きつけたロープがほどけてしまったためでした。その後，男性は逮捕され，承諾殺人罪で起訴され公判が行われました。この認知症母殺害心中未遂事件は，認知症の母親の介護を最後まで献身的に行っていた男性（長男）が，生活

苦の果てに自らの手で母親を殺害し，その後自らの命を絶とうとした，いわゆる「介護殺人」として知られる事件です。京都地方裁判所は，男性に懲役2年6月，執行猶予3年（求刑：懲役3年）を言い渡し，社会で改めて生きていくことを望みました。しかし，後に男性は再び生活苦に陥り自殺をしています[1]。

　このように一口に犯罪といっても単純で悪質な行為だけを対象としているわけではありません。ただし犯罪と聞いて，殺人を思い浮かべる人は多くとも，道路交通法違反を想像する人は少ないでしょう。法の定めるところの殺人にも，介護殺人のような社会的構造に端を発する生活苦の果てに犯されるケースが存在しています。そう考えてみれば，罪を犯す心理もまた多様であることも容易に想像できるはずです。犯罪心理学が人気の理由は，ある種の特殊な人たちについて知るということで，何が自分と異なるのかを知り，逆に自らを知りたいということかもしれません。つまり犯罪者の心理を知りたいという心理は，社会に生きる私たちにとって必然的な心理だともいえます。また犯罪者を自分とは対極にある存在として位置づけることは，自分は罪を犯さない人間であると信じていることの証左かもしれません。しかし罪を犯した多くの人もまた同様に，自分がそうすることを信じていなかったはずです。それは，少なくとも日本という国で，生を受け成長していくなかで，誰もが自分が将来犯罪者になると想像しないことと同じです。しかし，犯罪はある意味で偶発的に人を加害者にするのだという視点をまずは共有したいと思います。

1）　京都地方裁判所 2006 年 7 月 21 日判決

1 遺伝的要因

なぜ人は罪を犯すのか？ この問いに対するよく聞く回答として，犯罪者には遺伝的基盤があるという説があります。**遺伝論**というのは社会に根強く信じられている１つの事実であり信念です。医学の分野では遺伝的になりやすい病気の存在が指摘されていますし，身体的特徴の多く（身長・体重・顔立ち）は親に似る，つまり遺伝する傾向が強いことはよく知られています。ただし心理学者として，これはあくまでも身体的側面に多くは限定されているといわなければなりません。これまでに心理学は，個人の性格や行動傾向（総じてパーソナリティ）の形成についてさまざまに検討してきました。現在もまた，遺伝か環境か，氏か育ちかという論争は心理学の中心的な問題意識です。今のところ心理学では個人のパーソナリティ形成における遺伝の影響力を完全に否定してはいません。ただし100パーセント決定されることではありません。遺伝によるパーソナリティの説明率はおおよそ3〜4割程度だとされています。

M. J. ライアンズは，ベトナム戦争に従軍していた一卵性双生児と二卵性双生児への調査を行い，自己報告ではありますが，犯罪経験の有無について調べ，遺伝の影響について調査しました[2]。一卵性の双生子は遺伝情報がほぼ100パーセント一致し，二卵性の双生子は50パーセントを共有しています。この遺伝共有率の差を利用して計算を行う**単変量遺伝解析**という手法を用いて，逮捕歴や犯罪行動が**遺伝，共有環境**（双生子が共有している環境，たとえば家庭）または**非共有環境**（双生子が別々に経験している環境，学校の別クラスや職場等）のいずれに由来しているかを調べました。**表2-1**はその結果の一部を抜粋したものです（表内の数字は 0.00 から 1.00 の間で変動し，高

2) Lyons, M. J. (1996). A twin study of self-reported criminal behaviour. In Ciba Foundation Symposium. *Genetics of criminal and antisocial behaviour*. Wiley.

表2-1　双生児を用いた犯罪に関する単変量遺伝解析

	遺　伝	共　有　環　境	非共有環境
逮捕歴（若年時）	.39	.34	.27
逮捕歴	.30	.15	.55
犯罪行動（若年時）	.39	.08	.53
犯罪行動	.30	.17	.53

（出所）　Lyons（1996）より一部抜粋。

ければ由来度も高くなります）。その結果，3割から4割の間で犯罪経験について一定の遺伝による説明が確認されました。しかし，若年時の逮捕歴においては共有環境（家庭等）のほうが非共有環境（個別の他者経験）より影響を与えている点を除き，成人になってからの逮捕歴や犯罪行動はいずれも非共有環境，つまり生後に出会う社会の影響が高いことがわかりました（.50以上）。

　つまり犯罪行動の半分以上は環境由来とみなされることになります。少なくとも完全に遺伝に由来するとはいえないのです。多くの場合は環境の影響，しかも家庭の影響（共有環境）よりも学校や会社といった社会的場面（非共有環境）に大きく影響されているのです。

2 精神疾患による犯罪

　窃盗も犯罪の一種ですが，**クレプトマニア**（窃盗症）と呼ばれる精神疾患として特徴をもつ人たちの存在が近年知られるようになってきました。クレプトマニアの人たちは，金銭的余裕があるにもかかわらず窃盗を行い，窃盗行為自体に快感を覚えてしまいます。窃盗の対象はさまざまで何か特定のものに限りません。また盗んだものを使うわけでもなく，捨てたり隠したりするだけです。クレプトマニアは**精神疾患**の1つとして，アメリカ精神医学診断書（DSM-5）に記載されています。原因としては精神的ストレスや摂食障害

との関連などが指摘されていますが，原因は明確にされていません。

　加害を犯した人の精神疾患については，多くは法廷に提出された精神鑑定に基づいて判決・量刑に考慮されます。精神鑑定は検察官・弁護士がそれぞれ精神科医に依頼し，鑑定書として提出されます。検察官が起訴前の段階で被疑者に精神鑑定が必要と考えた場合に実施されるもの（起訴前鑑定），起訴後に検察官または弁護人からの請求に基づき裁判官が依頼する公判鑑定があります。依頼された精神科医は自ら各種検査を実施する場合もありますが，多くは知能検査，性格検査そして神経心理学検査等を臨床心理士に依頼します。精神科医は，臨床心理士によるこれらの心理検査を補助的検査として踏まえて，精神疾患の有無と程度を判断し，さらに刑事責任能力や訴訟能力について鑑定書としてまとめます。ただし，精神鑑定の結果は判決に法的拘束力をもつわけではなく，あくまで専門家の意見として裁判では「尊重」されるものとされます。つまり，精神鑑定で何らかの精神疾患が認められたとしても完全に責任能力がないと認められるわけではありません。

　また責任能力がないという可能性を指摘する鑑定が出ても，必ずしも責任能力がなかったと裁判で認められるわけでもないということが「尊重」という言葉の意味になります。実際にクレプトマニアを巡る議論として，一部の精神科医と弁護士が中心となり，積極的に疾患として捉えていく傾向について問題視する向きもあります。適正な診断手続きに基づけばクレプトマニアと診断される人は少数であり，またアメリカではクレプトマニアと診断されたとしても刑罰の判断に考慮されないことも指摘されています[3]。

　一方で，少数ではあれ何らかの精神疾患が認められた場合，その

---

3)　大久保智生・吉井匡（2017）．「万引きを繰り返すことはどのようにとらえられるのか（3）」『法と心理学会第18回大会予稿集』12.

明確な「疾病原因」がない（またはあっても特定できていない）ケースも多く，多くは本人も理由がわからないまま特定の行動や思考をしてしまいます。つまり犯罪として処罰の対象になったとしても，刑罰による矯正は見込めず，疾患としての治療が必要であることを意味します。よって加害に対する法的責任は一定的に認めたとしても，彼らに刑罰を与えるだけではなく，その原因とされる問題行動を解消すべく司法が刑を問題解決の手段として何らかの措置を取る必要があるといえるでしょう。現代の司法において加害者のこのような側面が理解されてきたことは，従来の刑事司法の限界を意味しているように思います。これらの点については本書10章で紹介する治療的司法で詳しく考えていきます。

　また精神疾患という点において，**反社会的パーソナリティ障害**と呼ばれるものがあります。なかでもよく知られたものとして，サイコパスと呼ばれる極度の自己中心性と衝動性をもつ人格障害があります。他の反社会的パーソナリティ障害との違いは，現在，先天性とみなされる生涯継続的な障害とされる点です。サイコパス傾向の高い人は，精神病的症状はなく，むしろ高い知能を有しています。時に自信に満ちた態度から魅力的な人物と周囲に思われている場合も多くあります。ただし，共感的能力が著しく低く，自分の欲求を実現するために他人を道具のように扱う非情な側面をもっているため（認知的共感が低い），結果的に重大な罪を犯す場合があります。先天性と考えられているのは脳機能・神経系に機能的または形態的異常が認められ，不快な状況を回避するための学習が困難な面等があることが多く報告されているためです。

　しかしサイコパス傾向をもつ人が必ずしも犯罪者になるわけでもありません。近年，社会的成功を収めた人のなかに「サクセスフル・サイコパス」と呼ばれる上記のサイコパスの特徴を有している

人がいることが指摘されています。つまり，サイコパス的人物が社会に適応できないわけではなく，また先天的障害を有していても必要に応じた抑制機能を後天的に獲得できないわけではないこともわかりつつあります。[4]

3 脳機能障害による犯罪

サイコパスが先天的原因を有するということは，先述した40パーセント程度の遺伝的影響によって人は犯罪者になる可能性があるということになります。この事実に関連して，近年では犯罪者の脳機能的問題を指摘する研究も増えつつあります。暴力犯罪者の50パーセントには脳波の異常が認められる[5]，前頭前野の脳機能障害が多く認められる[6]等の脳機能面での問題の指摘です。クレプトマニアのような精神疾患も脳機能との関連が疑われます。今後，脳機能の測定技術の向上によってさらに生物学的犯罪原因論の知見は蓄積されていくでしょう。その一方で，犯罪が先天的，または後天的な脳機能障害，または何らかの遺伝による先天的な生物学的要因によって生じるのであれば，加害者となる人の責任をどのように考えるべきなのか私たちは考える必要が出てきます。

4) Hall, J. R. & Benning, S. D. (2006). The "successful" psychopath: Perspectives on adaptive and subclinical manifestations of psychopathy in the general population. In C. Patrick (Ed.), *Handbook of Psychopathy*. Guilford.
5) Raine, A. (1993). *The Psychopathology of crime: Criminal behavior as a clinical disorder*. Academic Press.
6) Raine, A. & Liu, J. H. (1998). Biological predispositions to violence and their implications for biosocial treatment and *prevention, Psychology, Crime & Law*, 4, 107-125.

2 犯罪者の心理——加害を犯す内的動機

1 関係性のなかでの動機

一方で犯罪者・加害者たちは本人の加害行為自体をどう意味づけているのでしょうか。加害者の**動機**を扱った研究としてR. フェルソンの暴行罪に問われた被疑者へのインタビュー研究があります。[7] フェルソンは被疑者たちにその犯罪行為に至った経緯について尋ねました。結果，彼らの多くが，自分の罪を犯した理由を，他者（多くの場合は被害者）の非道徳的行為に求めていることがわかりました。また，その非道徳的行為に対して，加害者が暴力に至る前に相手に口頭で注意をしているケースが多く，またその注意に対して被害者が面子を守るなどの理由で反抗的な態度や，非道徳的行為を繰り返して挑発するような場合もありました。すべての犯罪動機が同様であるわけではありませんが，加害行為の動機が関係性のなかから発生するものとみることができます。

事実，日本の殺人事件の50パーセント以上は親族間殺人であり，それとは別の「知人・友人」を含めれば全体の80パーセント近くが被害者と何らかの関係をもった人物によって加害行為が生じているのです。これは殺人事件だけに限らず強制性交等罪に該当するケースも3割は顔見知りや知人間で生じていることも報告されています。[8] 関係性のなかで加害行為が発生するとしても，犯罪行為には変わりがありません。当然ながら法に反すれば正式な手続きのもとに裁かれるべきでしょう。しかし，「犯罪の原因は何か？」という問

---

7) Felson, R.（1984）. Patterns of aggressive social interaction. In A. Mummendey（Ed.）, *Socal psychology of aggression*. Springer.

8) 法務省（2015）.『平成27年版 犯罪白書』

いについて，その原因を個人の内側に求めていけば，やはりそこには個人の外側に部分的であれ原因の一部が存在することになります。次に，無差別殺人について考えてみましょう。

2 無差別という心理

一般的に社会が理解不能に陥る傾向にある犯罪行為として，無差別殺人や通り魔殺人といった「誰でもよかった」と加害者が動機を語るケースがあります。J. A. フォックスと J. レヴィンは大量殺傷事件の犯行動機を以下の5つに分類しています[9]。誰かへの報復意志に基づく復讐型（revenge），強盗等の結果としての利益型（profit），宗教・政治的メッセージに基づくテロ型（terror），自己顕示欲に基づくパワー型（power），妄想等に基づき家族を守ろうとした結果等で起こす誠実型（loyalty）。また，日本の大量殺傷事件について分類した越智啓太と木戸麻由美は，無差別大量殺傷型，一家心中型，凶悪犯罪型の3つに分類できることを指摘しています[10]。つまり日本においては「無差別」の大量殺傷型が1つのパターンとして識別されたことになります。さらに越智は日本の無差別大量殺傷事件の犯人の特徴について分析し，無差別型の事件の犯人の動機の共通性を見出しています。たとえば「犯人の生活は期待通りに行っておらず，挫折や絶望の中にいる。とくに事件直前には，大きな絶望を体験している」「この原因として，自分が悪いのではなく，別の何者かが悪いと考えている。この何者かは，特定の個人ではなく，カテゴリーである。（中略）その人物が属する人種，職業や集団のメンバー

9) Fox, J. A. & Levin, J.（2003）. Mass murder: An analysis of extreme violence. *Journal of Applied Psychoanalytic Studies*, 5, 47–64.

10) 越智啓太・木戸麻由美（2010）.「大量殺傷犯人の属性と犯行パターン（1）――日本における大量殺傷事件の類型」『法政大学文学部紀要』62, 113–124.

全員が悪いと考える」「そのため敵をできるだけ多く殺害してから自分も死のうと考える」などです。また，犯行を匂わすメッセージ[11]を遺書，日記，ソーシャルネットワーク上で公開しています。一見，身勝手な犯行動機に思えますが，やはり原因を突き詰めれば個人の外側に犯行に至る原因の一部が存在している（少なくとも加害者は認識している）ことがわかります。また完全に個人の内的利益のためではなく，同時に外側の世界への意識をもっていたことも明らかです。

　ここまで「なぜ人は罪を犯すのか？」という問いに対し心理学的な視点から，遺伝，精神疾患，脳機能，動機という個人の内部に原因をみる視点を提示してきました。しかし，これらの考えを突き詰めていくと，結果的にその「原因の原因」には，社会や関係性という個人の外側が関連することになります。

　次に，これらを踏まえたうえでもう1つ重要な視点を提供したいと思います。それは加害者の背景に不幸があった，不利な社会的構造があったかもしれないが，同じ環境にいながら犯罪行為をしない人たちがいるのはなぜか？　という問いです。つまり，何が犯罪の抑制として機能するのかという視点です。

3　犯罪の抑制と予防
——なぜ罪を犯さないのか

1　社会的絆

犯罪の抑制的要因として社会学者の T. ハーシが提唱した社会的

---

11)　越智啓太（2008）．『犯罪捜査の心理学——プロファイリングで犯人に迫る』
　　化学同人

絆理論では，**社会的絆**（ボンド）として「愛着（attachment）」「投資／コミットメント（commitment）」「巻き込み（involvement）」「規範意識（belief）」の4種類をあげています。愛着とは，他者との信頼関係のような結びつきを意味し，信頼ある他者の期待を裏切らないために犯罪行動が抑制されること指します。投資／コミットメントは，自らの行動の損得感情であり，遵法社会において違法行為をすることでの将来的損失への意識が行動を抑制することを意味します。次に，巻き込みは，慣習的活動を通して人が社会ともつ絆を意味し，日常的な事柄を遂行していくうえで犯罪行為をする余裕が存在しないことによる抑制を意味します。最後の規範意識は，法の正当性を信じ自らの内的規範とも一致させている限りにおいて違法行動が抑制されるというものです。これらの4つの社会的絆が犯罪の抑制に機能するということが考えられています。

2 分化的接触

一方，社会学者のE. H. サザランドの**分化的接触理論**（differential association theory）は，非行少年の非行的な仲間との接触要因に着目し，非行行動が学習された行動であると指摘しています。この理論は社会的絆理論と一見矛盾しているようにみえます。つまり仲間という愛着対象が犯罪行動の抑制ではなく，促進の役割を果たすからです。那須昭洋と菅野純は，「4つの社会的絆は，個人が他者を含む社会との関係において学習することにより内面化され，個人の

---

12) Hirschi, T. (1969). *Causes of delinquency*. University of California Press.（森田洋司・清水新二［監訳］1995.『非行の原因――家庭・学校・社会へのつながりを求めて』文化書房博文社）

13) Sutherland, E. H. & Cressey, D. R. (1960). *Principles of criminology*, 6th edition. Lippincott.（平野龍一・所一彦［訳］1964.『犯罪の原因――刑事学原論I』，有信堂）

特徴と関連して作り出されるとは説明できていない」と指摘してい[14]
ます。個人の犯罪抑制として機能する社会的絆は，時空間的な変遷
とともに発達・展開するものです。つまり，社会と個人の関係性の
なかで変化しうるものであるといえるでしょう。この意味において，
犯罪行為の「原因」をすべて個人に帰すことはできない可能性があ
ります。なぜ，誰かが「加害者になる」または「加害者にならな
い」のかについて，個人に原因を探ろうとすればするほど，それは
周囲の関係，さらには社会全体へ，分散していきます。与えられる
環境を人は完全にコントロールすることはできません。同様に先天
的な異常も原因が明らかになるまではコントロールできないのです。
これは犯罪行為に限らず，私たちのすべての行動，ひいては「責
任」が問われる場面にも適用可能な事実でしょう。まず人がある種
の偶然によって加害者となることの視点を共有したうえで，司法に
よる公正な裁きが加害者に下されることが非常に重要であろうと思
います。

4 被害──被害者と被害経験の心理

　犯罪が起こると，そこには被害が存在します。他者を傷つける行
為は，おそらく法が存在する以前から人々にとって嫌悪の対象であ
り，かつタブー視されてきたと思われます。さらに遡れば，生物が
他個体から生命を脅かされる危険を回避するという原始的な行動・
欲求から生じている心理だと想像できます。恐怖や怒りといった感
情の源泉は，生命の危機に由来するものだと考えることができるで

14)　那須昭洋・菅野純（2007）.「『社会的絆の理論』の再考──発達段階における
社会的絆の機能変容に関する試論」『早稲田大学人間科学研究』20，19-26.

しょう。被害を受けるという事態は，被害者となった人たちに甚大な精神的・身体的ストレスを生じさせ，また長期にわたり縛り続けます。

1 被害経験の心理

被害者が生まれるとき，それは加害者が生まれる瞬間でもありますが，加害者が犯罪行為によって一時的ではあれ何らかの利益を得るのに対し，被害者は多くの場合喪失を経験することになります。それは過去の自分の喪失であり，またその延長としての未来の喪失です。被害経験は，その被害の瞬間の出来事だけでなく後の人生にも関わり続け，被害者を被害者たらしめます。小西聖子は，犯罪被害者の精神的反応を，①被害後衝撃期，②急性期，③慢性期のステージごとにわけています[15]。

①被害後衝撃期は，被害直後から48時間ほどまでの心理反応を指します。被害者の多くが起こった出来事を現実のものとして受け止められない，信じられない。また恐怖や怒りなどの負の感情，自己への無力感などの情緒反応が示されています。混乱や困惑，言動のまとまらなさなどが示されます。一方で，現実感の喪失や，健忘，時間感覚の変化といった**解離反応**（dissociation）としてみられる特徴，ぼうっとしたり，反応が乏しく冷静に思えるような反応もみられます。

②急性期は，衝撃期を過ぎて1カ月程度まで，多くの被害者が，被害体験を現実と実感することで恐怖感が募り，不眠や食欲低下，周囲への警戒・不信感，緊張や過敏などの反応が出始めます。

③慢性期は，被害から数カ月たち，急性期の症状から回復に向か

---

15) 小西聖子（2008）.『犯罪被害者のメンタルヘルス』誠信書房

う場合もある一方で，症状が慢性化または顕著化し精神疾患に至る場合もあります。PTSD（心的外傷後ストレス障害）やうつ病，薬物・アルコール依存・乱用などがその症例になります。

　被害直後の衝撃期から急性期までは，時間経過に伴った一般的な反応といえる部分があります。しかし慢性期としてみられる症状は被害者が被害者であり続けることの長期化を意味しており，回復のための特別な支援が必要になります。PTSDやうつ病，依存症は被害の性質にもよりますが，専門家による治療が必要です。そして被害の慢性化は，慢性期において生じるというよりも，それ以前の衝撃期と急性期にどのような制度的・人的支援を受けたかによって変わります。被害者が被害者となった瞬間から，つまり被害を受け警察や被害を認知した人々の初動の段階から，被害者を意識したサポートが提供される必要があるのです。

2 被害者の二次被害

　被害者が被害者であると知らしめられる経験が，ことあるごとに被害者を傷つけ苦しめることになります。身体に外傷を受けた場合，傷跡や残された障害が自覚されるたびに被害について考えざるをえません。とくに性犯罪被害者は自らが性被害を受けた人間であることを他者に知られることを恐れます。また被害者として裁判で証言することは，加害者と対面することでもあります。これらは制度的に解決できることが多くあります。現在では女性捜査官や臨床心理士が初動捜査段階から対応にあたったり，裁判所別室からビデオリンクを用いて被害者証言が行われたりといった工夫がされています。

　ただし加害者が逮捕されないケースでは，被害者はその感情の矛先を向ける相手がいません。また仮に加害者が逮捕されたとしても，さらに被疑者・被告人として法廷に立った人物が真の犯人ではない

場合，または証拠不十分で有罪にならない場合，そして刑法39条による心神耗弱・心神喪失と判断され責任能力が問えない場合も存在します。

刑法39条が適用される加害者が精神疾患をもつ事例において，山上皓は，「犯行が唐突で理不尽であること，加害者の責任を問うことさえ許されないという事実，加害者のみの人権擁護を主張する報道機関や医療関係者の姿勢。そしてあまりに簡単に認められる加害者の退院など，精神障害者の犯行に伴う諸事情が，被害者・被害者遺族を苦しめる結果を生んでいる」とし，被害者の多重の苦痛，つまりある意味での**二次被害**の存在を指摘しています。[16)]一方で，精神科医の立場として，加害者としての精神疾患者本人も自らの疾患ゆえの犯罪行為から深い傷跡が残り，治療への道を阻む点も指摘しています。よって精神障害をもつ人たちへの広い理解と犯罪の予防的側面を重視する政策の必要性があるといえるでしょう。

5　被害からの回復──被害という不条理

被害からの**回復**とは何かを考えるとき，「被害とは本来的に不条理なものである」という認識が求められているように思います。いかなる場合においても被害者に落ち度はありません。しかし被害者の責任はないから，すなわちすべての責任は加害者に，とはならないという意味での不条理がそこには存在しています。第1節で述べたように，加害者という人間が犯した行為の原因が社会の側に常に一定以上あり続けるならば，社会は加害者の処遇についても考えな

---

16)　山上皓（1994）．「精神障害と犯罪」『精神医学』36, 786-797.

ければなりません。その結果，被害者の望み通りの判決にならない
ことが残念ながら起こります。その場合，被害者は再び傷つき苦し
みます。ただし，被害者が不条理な被害を受けたから，すべて被害
者の思うままにできるかといえば，それも残念ながら社会は否定し
なければなりません。証拠不十分な被告人を加害者と断定し有罪に
することを可能にしてしまえば，罪のない人間を有罪にできてしま
う仕組みを作りだしてしまいます。また，理由なく従来以上の刑を
科して処罰することも同様に避けなければなりません。

　また，「なぜ自分が？」という理由を求めようとしても，そこに
明確な理由，納得できる理由など存在していないことにも気づきま
す。仮に加害者が「幼い頃から虐待を受けて」「会社でいじめを受
けていて」「被害者に罵られ」ていたとしても，それは被害を与え
る「正当」な理由にはなりません。理由はどうあれ「正当な被害」
などは認められるものではないからです。しかし，時に人は偶然に
も被害者となってしまいます。つまり不条理なのです。

　「罪を憎んで人を憎まず」という言葉があります。しかし，被害
者は自らの回復のために憎しみの感情を押し殺すべきではありませ
ん。まずは自分を苦しめた人間を憎むべきです。憎んだ結果として，
同じかそれ以上の苦しみを与えたいと考えたとしても，それは間違
いではありません。ただし，時にそれらの望みが果たせない場合，
被害者の希望は再び絶たれることになってしまいます。そしてこの
ような事態は往々にして起こりえます。しかし，その望みが叶わな
ければ被害者の人生は「回復」しないのでしょうか？　それはたと
え加害者が期待通りの刑を与えられたとしても，被害者の傷が完全
に癒えることがないことからも，違うことが明らかです。被害者の
回復を加害者の刑罰のあり方に依存することの危険性をここでは指
摘しておきたいと思います。

被害を不条理なものとして捉えることの意味について再度考えてみましょう。「病」は同じく不条理な現象ですが，多くの人が経験します。その発症機序などが明確な場合は「原因を取り除く」ことができます。しかし，「なぜ病に罹ったのか」「なぜ自分なのか」という理由は誰にもわかりません。なかには病を取り除くことができないケースも存在し，人は一生涯その病や傷と付き合っていかなければなりません。これは天災による被害とも共通しています。人が病と向き合うように，人は不条理と向き合う必要があります。そのための手厚いサポートを社会は提供する必要があるでしょう。よって被害者に対する被害直後からの配慮と長期的な支援を社会が提供することが望ましいといえます。それは経済的支援だけではなく，被害者であることが，いかなる不利益を被らないための人々の眼差しや価値観を社会に提供・教育していくことも含まれます。

 ブックガイド

鈴木公啓編（2012）．『パーソナリティ心理学概論——性格理解への扉』ナカニシヤ出版

　広範囲にわたる心理学におけるパーソナリティ（人格・性格・個人差）研究の概説書。本書が示すようにこれまでの心理学は個人そのもの，また個人個人の違いがどのような原因によって形成されるかを研究してきました。

小松原織香（2017）．『性暴力と修復的司法——対話の先にあるもの』[RJ叢書10] 成文堂

　性暴力被害者の支援活動に関わってきた著者が，性暴力被害者たちが「被害の理由」に向き合うこと，そしてそれを支援する司法枠組みである「修復的司法」の可能性を示した1冊です。

第3章 裁くプロセス
裁判員裁判における事実認定者のありよう

キーワード　バイアス，目撃証言，システム変数，推定変数，情報的正義，公判前報道，ヒューリスティック，アンカリング効果，応報的公正，一般予防論，特別予防論，目的刑論，道徳基盤理論，道徳感情，二重過程モデル

● 学習内容

　本章では，刑事裁判のなかでも，とくに日本の裁判員制度という「人が人を裁く仕組み」について説明し，同制度における「裁く」行為の心理学的な問題点の指摘を通して，より良い制度について考えたいと思います。裁判とは，ある社会のなかの利害の衝突や紛争を解決・調整するために，一定の権威をもつ第三者が下す判断を指しています。この一定の権威は時代・文化を経て変わってきましたが，日本では 2009 年以降は裁判員制度により「市民」と「裁判官」によって担われています。そのような権威の変遷が「正しい」判断を導くのかについて本章では考えたいと思います。

1　人と裁き
──刑事裁判のロジックと法心理学的問題

事例 3-1　検察求刑以上の裁判員判決　2012 年 7 月に大阪地方裁判所で，ある事件の裁判員裁判が開かれました。被告人男性（当時 40代）は，自宅を訪ねてきた姉（当時 40 代）を包丁で刺殺したとして殺人罪に問われていました。男性は広汎性発達障害の 1 つである

「アスペルガー症候群（現在はASD；自閉症スペクトラム）」であることが認められていましたが，これまで福祉施設につながることもなく，家族の住む家のなかで「30年間のひきこもり」状態にあったことが明らかになりました。判決は「約30年間，自宅に引きこもっていた被告の自立を促した姉に恨みを募らせた」ことなどから動機を認定し，「社会内にこの障害に対応できる受け皿が用意されていない現状では，再犯の恐れが強く心配される」として検察官求刑（懲役16年）を上回る懲役20年を言い渡しました。[1]

　この判決は，裁判員裁判で求刑以上の懲役刑が科された事例として話題になりました。そして「社会の受け皿がない」ことを理由にしながらも，それを被告人の責任として求刑以上の懲役が科されたことが問題となりました。結果的に，つづく控訴審判決では「被告のみを責められないアスペルガー症候群が影響している」として懲役14年に減刑されています。つまり裁判員裁判の判決は翻されました。たしかに，被告人の責任ではない「社会の受け皿がない」ことを理由に，被告人の懲役刑を重くすることは一見正しくないようにも思えます。しかし背景を考慮すれば，仮に受け皿があれば考慮されていた事態もあったはずですから，少なくとも同判決の裁判員と裁判官が行った判断が必ずしも誤りだともいえないように思えます。つまりこの判断の問題は，社会の権威としての事実認定者だけの問題に帰することもできないと考えられます。

1 裁判員裁判の流れ

　刑事裁判については第2章でも触れましたが，被害と加害の発生を経て，犯罪が一度社会に生じて刑事事件と認定されれば，警察による捜査が開始されます。捜査を経て被疑者が逮捕され，検察に身

---

1)　大阪地方裁判所2012年7月30日判決・賃金と社会保障1575号11頁

柄が移された後に起訴が決定されれば，裁判が開かれることになります。この時点で被疑者は被告人となり，無罪もしくは有罪の判決を受ける立場となります。そして仮に彼らへの判決が有罪の場合には刑罰が与えられることになります。より正確にいえば，この有罪判決によって人は社会的に加害者となり犯罪者となるのです。そしてこの判断を行うのもまた人間であるということが本章の重要な視点になります。

　2009年に日本では裁判員制度が開始され，一定の刑事裁判の第一審に市民の意見を反映することになりました。すべての刑事裁判に市民判断を導入するのは非常にコストがかかります。よって裁判員制度は刑事事件のうち「法定刑の重い重大犯罪」について裁判員6名と専門裁判官3名が評議を行って社会的決定を下すことになりました。事実に争いがある場合には有罪か無罪かについて，有罪と判断された場合あるいは犯罪事実に争いがない場合には量刑について市民と裁判官が決定します。ここでいう「法定刑の重い重大犯罪」とは，殺人罪・強盗致死傷罪・傷害致死罪・危険運転致死罪・現住建造物等放火・身代金目的誘拐・保護責任者遺棄致死・覚せい剤取締法違反などです。

2 司法を左右する心理的バイアス

　「法と心理学」研究による司法への問題点の指摘は，大別すると2つの**バイアス**（偏り）の指摘によって行われるものです。1つは制度的バイアスであり，法廷に提出される証拠・証言といった情報，または法廷以外から事実認定者に与えられてしまう情報と，その取得手続きといった制度自体に内在する偏りの指摘です。具体的には，以下に示すような公判前の事件報道の問題，目撃者への聴取方法などの問題です。目撃証言は，聴取の仕方によっては目撃者の記憶が

歪んでしまうことが知られており，どのような聴取手続きが制度的に認められているのかによって起こる偏りという意味で制度的バイアスといえるでしょう。もう1つは心理学的バイアスであり，人間が生来もっている認識・思考・判断の偏りに根ざすものです。たとえば，**目撃証言**では人の記憶の性質そのもの，また本章が扱う裁き手となる人がもつ判断の偏りも心理学的バイアスに該当します。

　G. L. ウェルズは目撃証言の問題を中心に，「法と心理学」が扱う問題の分類として**システム変数**と**推定変数**という分類の仕方を提案しました[2]。システム変数とは，目撃証言の識別手続きや，目撃証言の聴取方法といった，社会や司法が直接コントロール可能である，まさに制度的バイアスそのものを指します。一方，推定変数とは，目撃者自身の性質や目撃時の状況といった心理学バイアスのうち，事前にコントロールできない対象を指します。これらは事後にその要因や関与の程度を推測するしかないものです。よってウェルズは「法と心理学」研究（とくに目撃証言研究）が前者のシステム変数について中心的に研究を行うべきだと主張しました。システム変数はさまざまなレベルの制度変更によって予防や防止が可能なためです。つまり，事後的に検討することしかできない推定変数のような問題も司法には数多く存在していることになります。

　少なくとも何らかの偏りのなかから得られる情報に基づき，人は人を裁くことになります。また，これらは公正な裁判を阻害している要因でもあると考えられます。つまり「法の裁き手」となる人に対し，制度的偏りによって情報が正しく与えられない，また人間の心理学的性質によって間違った形で情報が捉えられ判断される可能

2）　Wells, G. L. (1978). Applied eyewitness-testimony research: System variables and estimator variables. *Journal of Personality and Social Psychology*, 36 (12), 1546–1557.

性があるのです。この意味で，裁判という仕組みは，どのような情報が判断者に与えられているかの妥当性，すなわち**情報的正義**を追求せずしては成り立たないといえるでしょう。[3]以下では，とりわけ刑事裁判で，裁き手に生じうるさまざまなバイアスについてみていきます。

2 裁きのエラー
——情報の影響力と排除の困難性

1 公判以前の情報の影響

　刑事裁判の裁き手となる人，すなわち市民そして裁判官といった事実認定者（fact-finder）が触れることになる情報は，公判廷における検察官と弁護人の主張のみに限りません。裁判以前に裁判員に予断・偏見を与えうる可能性があるものに，メディアによる**公判前報道**（pretrial publicity: PTP）があります。仮に市民が公判前のさまざまな報道に触れてしまうことで予断や偏見をもつのであれば，これは裁判に提出された証拠のみに基づき判断を行うという直接証拠主義の原則に反します。

　PTP の市民への影響力に関する心理学研究は，ほとんどがそのネガティブな影響力を明らかにしています。[4]日本で PTP による市民の予断・偏見について確認したものとしては，筆者が渕野貴生，

---

3) 指宿信・若林宏輔・藤田政博・堀田秀吾・サトウタツヤ・渡辺千原（2012）．「『情報的正義』と心理学——刑事司法過程における公正な判断」『法と心理』12, 78–83.

4) 主なレビュー：Steblay, N. M., Besirevic, J., Fulero, S. M. & Jimenez-Lorente, B. (1999). The effects of pretrial publicity on juror verdicts: A meta-analytic review. *Law and Human Behavior*, 23 (2), 219–235.

サトウタツヤとともに行った研究があります[5]。まずそこでは，日本のメディアを通して発信される，問題ある情報として「自白」と「前科」について指摘しています。よって同じ事件について「自白」がある場合と「前科」がある場合の新聞記事をそれぞれ用意して別々の参加者に読ませ，同じ裁判のシナリオについて判断させる実験を行いました。また，このとき，裁判官が裁判員に向けて行う説示（judicial instruction）の効果についても調べました。裁判官は上記の直接証拠主義の原則に従い，市民に対して裁判に提出された情報のみで判断することを説明する必要があります。このとき，裁判が直接証拠主義に基づいて判断が行われないことで，予断や偏見によって裁かれることの裁判の不公正性について理論的説明を加える条件（理論的説示条件），単純に公判のみの情報に基づき判断するように指示する条件（単純説示条件），そして説示のない条件の3つを用意し，2つのPTP排除の効果を調べました。

　結果として，まずPTPが与えられない条件の人たちはいずれの説示条件も50パーセント前後の有罪判断率（つまり半分の人は無罪）でした。次に窃盗の前科があるという新聞記事（PTP）を読んだ参加者は，説示がない条件では50パーセント，単純説示条件では53パーセント，一方，理論的説示条件では28.6パーセントの人が有罪と判断しました。そして，被疑者が事件前夜に友人に犯行をほのめかし間接的な自白をしたという新聞記事を読んだ参加者は，説示がない条件では84パーセントの人が有罪と判断しました。また，自白があった場合，いずれの説示があったとしても65パーセント以上が有罪と判断しました。

---

5) 若林宏輔・渕野貴生・サトウタツヤ（2014）．「公判前の事件報道に対して理論的根拠を含む裁判官説示が与える影響」『法と心理』14, 87-97.

2 無視できない公判前報道（PTP）

　上記の実験では「自白」も「前科」も裁判シナリオ内では一度も出てこない情報であり，また裁判官がそういった情報を利用しないように説示したとしても，多くの参加者がその情報を利用してしまう実際がわかります。つまり「情報がある」ということ自体が，それを利用しないように指示されたとしても，利用する，もしくは無自覚的に使ってしまう可能性があるのです。またそれは「自白」のような決定的な情報の場合は，より強力な影響力をもちうる可能性があります。

　PTP に対して予断・偏見を排除する目的で行われる裁判官の説示の効果についても，多くの心理学研究が否定的な結果を示しています。これらの研究をレビューした N. M. ステブレイたちは，裁判官による単純な説示は，事実認定者に心理的反抗（reactance）が生[6]じ，結果的に報道の影響力を排除する効果が得られないことを指摘しています[7]。人は特定の自由が侵害され，従うべき明確な理由が提供されなかった場合や，不明な専門用語で正当化された場合にとくに不従順が喚起され，侵害された自由を回復しようとする動機が強くなり，結果的に反抗すると考えられています。このほか，実際の刑事司法に PTP が及ぼす影響については，第5章でも解説しています。

---

6) Brehm, S. S. & Brehm, J. W. (1981). *Psychological reactance: A theory of freedom and control.* Academic Press.
7) Steblay, N. M., Hosch, H. M., Culhane, S. E. & McWethy, A. (2006). The impact on juror verdicts of judicial instruction to disregard inadmissible evidence: A meta-analysis. *Law and Human Behavior*, 30 (4), 469–492.

3 人のエラー
──刑事裁判で人が判断するということ

1 ヒューリスティック

　市民は報道や裁判での証拠といった，自分たちが考えなければならない対象についてのさまざまな情報に触れることになります。その結果，情報が一度与えられればそれを無視することは単純にはできないことがわかります。認知心理学分野で中心的に研究されてきた**ヒューリスティック**に関する知見はこういった人間の情報処理のあり方を知るうえで有用な知見です。ヒューリスティックとは，人がある事象について頻度や確率といった数的判断をする場合に，事象の全体集合について考えることができずに，一部の顕著な事例や典型例によって直感的判断を下す傾向です[8]。人が直感的判断を多用してしまう1つの理由は，人間が一度に処理できる情報には限りがあるためで，情報処理に要する負担を無意識に軽くしようとする傾向があるためとされています。

　ヒューリスティックのなかでも，報道の影響のように，事前の情報に基づいて人が判断してしまう傾向は「係留−調整ヒューリスティック」と呼ばれます。ここで係留（アンカリング）とは，船が錨（anchor）を下ろして，錨の届く範囲でとどまるということを意味しています。つまり，人の判断は，与えられる最初の情報や数値を基準としてしまうということです。

　B. イングリッチたちは，ドイツの判事や検事等の法の専門家を実験参加者として，強姦事件のシナリオの量刑判断を求めることで，

---

8) Tversky, A. & Kahneman, D. (1974). Judgment under uncertainty: Heuristics and biases. *Science*, New Series, 185, 1124–1131.

アンカリング効果について調べました。このとき，量刑判断の前に[9]「懲役1年よりも」または「懲役3年よりも」重いか軽いかを考えることを指示しました。結果的に，両条件で同じ事件について判断を求めたにもかかわらず，「1年」条件よりも「3年」条件のほうが重い量刑が下されることが明らかになりました。さらに判事と検事を比較したり，また刑事法の専門家や他分野の司法専門家と比較したりしても，いずれも同じ結果になりました。つまり一度「錨」となる数値が提示された場合，その数値が錨となり，対象について独立に判断を行うことは難しくなるのです。また彼らの研究の重要な点は，このアンカリング効果が専門家でも逃れるのが難しいことを示したことにあります。

　日本でも市民の量刑判断のアンカリング効果について調べた綿村英一郎たちは，アンカリング効果が生じる要因を2つあげています[10]。1つは「不確実性」で，裁判のように判断材料が多く複雑，また判断の仕方が決まっていないような状況ではアンカリング効果が生じやすくなります。2つ目は「説得における信頼性」であり，裁判官・検察官・弁護士等の法の専門家から提示された情報は判断の基準として利用されやすいことになります。報道といったメディアもまた，市民からすれば，信頼できる情報とみなされている可能性があります。

　また実際の裁判員裁判の量刑判断は，市民と裁判官が評議のなかで行うことになります。このとき，量刑を決める参考として，裁判所が用意した過去の同罪種に下された量刑のグラフ，いわゆる「量

---

9) Englich, B., Mussweiler, T. & Strack, F. (2006). Playing dice with criminal sentences: The influence of irrelevant anchors on experts' judicial decision making. *Personality and Social Psychology Bulletin*, 32 (2), 188–200.

10) 綿村英一郎・分部利紘・佐伯昌彦 (2014). 「量刑分布グラフによるアンカリング効果についての実験的検証」『社会心理学研究』30 (1), 11–20.

刑相場」が提示されます。量刑には幅があり，各事件の内容（意図性や凶器の有無，被害者と加害者の関係等）によって同じ罪種であっても結果は異なります。よって刑期自体に対してと，その量刑が下された事例を参考にして，市民は目の前の事件の量刑を判断することになります。つまり裁判員裁判では，この量刑相場が錨として影響する可能性が十分にあるということです。

2 応報的公正

　人の判断が直感的，すなわち自動的な認知的情報処理に基づくという視点は司法にとってもっと注目されるべき問題です。司法に関連するヒューリスティックな判断として**応報的公正**と呼ばれるものがあります。人は犯罪行為が社会内で生じると制裁を加えることで公正を回復しようとする傾向があり，これは法学において「応報的正義」と呼ばれる刑法理論に該当します。とくに何らかの規則が破られ，規則を破った個人をどのくらい罰すべきか個人や社会が決定する場合に，人はもとの状態に戻す（衡平回復）だけでは満足しないことが知られています。

　たとえば，窃盗について考えてみましょう。仮に物を盗んだ人物が捕まったとして，彼が盗んだものを返したとしたら読者の皆さんは納得するでしょうか？　多くの人が，それだけでは十分な回復措置とは考えず，何らかの罰を与えるべきだと考えるはずです。この背景には，人は犯罪行為そのものが，物質的損害だけでなく，社会に共有されている規範の価値も侵したと考えるためだと考えられています。ゆえに，たとえばこの窃盗犯が10歳の子どもだったとしましょう（いたずらで盗んだのかもしれません）。彼が盗品を返却するだけでなく，謝罪や二度と盗みをしないと誓約するなどの改悛の状がみられたならば，多くの人には許す気持ちが生まれるはずです。

つまり，損害の物質的回復だけでなく，さらに何らかの上乗せされた「道徳的賠償」という価値が加わることで，人の「公正」は回復されることになります。つまり，応報的公正とは「目には目を」という単純な報復律を超えた公正観を人がもっていることを意味します。

　法学上の刑罰の意味については，刑罰が存在することで同一犯罪の予防効果を期待する**一般予防論**と，刑罰を与えることで犯罪者の教育・更生・隔離を目的とした刑を与え，犯罪者の再犯を予防する**特別予防論**という考え方があります。これらを総称して**目的刑論**と呼びます。しかし，心理学実験の結果は，実際の人の刑罰の判断は応報的であり，個人の「公正観」の回復という個人的な認知的欲求に基づいている可能性を示すものです。

　人が一般的にもつ応報的公正について示した実験として K. M. カールスミスたちの研究があります[11]。彼らは「被害の大きさ（大・小)」と「同じ犯罪の発生可能性（検挙率が高い・低い)」の部分を変更した裁判シナリオを市民に読ませたうえでの量刑判断を比較しました。その結果，被害が大きい条件では小さい条件よりも量刑が重くなり，一方で犯罪の発生可能性の操作は量刑に影響しませんでした。仮に人が同一犯罪防止の見せしめ（一般予防論）を意図して刑罰を判断しているのであれば，検挙率が低い場合ほど同一犯罪の抑止が期待できないので罪を重くしようとするはずです。しかし，実際には検挙率の高低には関係なく，市民の量刑判断は被害が大きいものに刑罰を大きくするという結果が得られました。よって，カールスミスたちは，一般市民の量刑判断は一般予防的ではなく，応報

---

11) Carlsmith, K. M., Darley, J. M. & Robinson, P. H. (2002). Why do we punish?: Deterrence and just deserts as motives for punishment. *Journal of Personality and Social Psychology*, 83, 284-299.

刑的であると結論づけています。

この研究が示すのは，人間の公正判断が理性的な思考だけに基づいているのではなく，むしろ直感に基づくような応報的なあり方であり，応報的動機は潜在的な意図の介在しない認知プロセスによって量刑判断に反映されると想定されています[12]。

3 道徳基盤理論と二重過程モデル

人間の公正性に関する判断が直感的であるということは，つまり，これらの判断が人の進化の過程で得た何らかの適応的機能に基づいている可能性があるということになります。たとえば，回避すべき有害なものに直感的な不快（嫌悪）感情を抱き，それを避ける行動を取るという，生物としてのヒトがあらかじめもつ機能に依存している可能性です。

司法に関わる人間の判断として，道徳の直感性について示したJ. ハイトの**道徳基盤理論**（moral foundations theory）[13]は興味深い知見を提供します。社会はある行為が道徳的か否かを感情ではなく理性で判断すべきだという思想を有しています。しかし，実際には道徳的判断を構築する基礎的プロセスは直感的判断であり，**道徳感情**（moral feeling）に基づいているという主張です。加えて，道徳的判断の理性的な理由は，あらかじめ行われた直感的判断の結果を「正当化するための後づけ」として行われていると指摘します。

ハイトがこの道徳基盤理論を主張する根拠の1つとして行う実験として，以下のような文章を読ませて考えたことを尋ねるものがあ

---

12) 綿村英一郎・分部利紘・高野陽太郎（2010）.「一般市民の量刑判断——応報のため？ それとも再犯防止やみせしめのため？」『法と心理』9 (1), 98-108.

13) Haidt, J. (2001). The emotional dog and its rational tail: A social intuitionist approach to moral judgment. *Psychological Review*, 108 (4), 814-834.

ります。では，実際に皆さんも読んでみてください。

　　マークとジュリーの兄妹は，大学の夏休みにフランスを旅行し
　ていた。2人は，誰もいない浜辺の小屋で一夜を過ごすことにな
　り，その時に2人で性行為をしてみようと思い立った。2人にと
　ってこれは初めての経験である。そのためジュリーは避妊薬を，
　マークは避妊具を使用することにし，2人は性行為を楽しんだ。
　だがもう二度としないと決め，その日の出来事は2人だけの秘密
　にした。そうすることで互いの愛情はさらに高まった。

　どうでしょうか？　この事例の興味深い点は，多くの人が何らか
の嫌悪感を覚えるにもかかわらず，その理由を明確には説明できな
いことにあります。近親相姦は世界的に広く存在する道徳的タブー
（禁忌）の1つであり，いくつかの国では法律で禁止している場合
もあります。日本では強制性交罪および強制わいせつ罪に該当する
事例において法的判断が行われます。しかし，この事例では両者の
合意があり強制ではないため法的問題には該当しません。「何か問
題だとは思うけれど，問題として正当化できる理由がない」という
ことは，まさに私たちの道徳判断が直感的なものに基づいて行われ
ていることの証左だということです。

　ハイトは，さまざまな文化圏で道徳的に禁じられている行為や考
え方について調べました。そして，それらが「ケア／危害」「公正
／欺瞞」「忠誠／裏切り」「権威／権威破壊」「清浄（神聖）／退廃」
の5つの次元にまとめられること，そして，それぞれに進化的基盤
が存在することを指摘しています[14]（後に「自由／抑圧」次元が加わり6
次元）。なかでも「公正／欺瞞」に関する道徳観は人類が「他人に

14）　ブックガイド *The righteous mind* 参照。

つけ込まれないようにしつつ協力関係を結ぶ」という課題に適応するために進化したものと考えられています。人々が協力関係を結び社会化をはじめると，関係を結ぶべき人物とそうでない人物とを見分けられることが生存に有利に働きます。よって欺瞞や欺きといった行動に嫌悪感情が生じるよう，直感的判断を行うようになったというのです。さらに，自分を欺き利益を得ようとする人物を避けるだけでなく，そういった人物を積極的に排除し攻撃することが個人だけでなく社会にも有益になります。罰や道徳そして法も，ある意味で，このような人間の進化的基盤のうえに成り立つものであり，道徳基盤理論はこの直感的判断を行う認知基盤が私たち人間に「あらかじめ備わっている」としています。

　人間の判断の直感性については，これまで多くの心理学研究が実証してきており，ハイトもまた「まず直感，それから戦略的な思考」という判断・思考の**二重過程モデル**を仮定しています。重要なことは，人がそのような生物学的基盤に基づいて，まず判断を行う傾向があるということを社会が理解しておくことです。ただし生物学的基盤に基づき下される直感的判断が，常に社会的に正しいということを決して意味するのではありません。

4　人が人を裁くということ
──問題を解決するという視点

　本章では主に「法の裁き手」となる人が，与えられる情報の偏りによって，また心理学的性質による情報処理の偏りによって，社会的に望ましくない判断を起こしうるという点について指摘を行ってきました。これらの事実を目にすると，多くの人が「やっぱり裁判

は専門家に任せるべきだ」と考えるかもしれません。しかし，既に本章で示してきたように，これらの制度的バイアスや心理学的バイアスを「専門家」だから避けられるわけではありません。えん罪事件が存在していることからも明らかなように，裁判官という法の専門家が必ずしも「真実」を発見できるというわけではないということも本章で伝えたいことの1つになります。

では，誰が裁くべきなのでしょうか？ 刑事司法という制度は，永く，個人の反社会的行為という罪に対して，罰を与えることで社会的秩序を守ることを重視してきました。しかし前章でも指摘されたように，罪を犯す，反社会的行為を行う人たちが，必ずしも「絶対的な悪」であるのか，あったとしてもそれはかなりの少数なのではないかという実態が理解されつつあるように思います。そんななかで裁判員制度が開始され，市民が「裁く」主体となり，改めて「さばく」という行為の意味を考えることの価値が生まれてきたように思います。本章が確認してきたように，裁判員裁判に限らず，裁判という仕組みは「不完全な人たちが，不完全な仕組みのなかで，不完全な人を裁く」ということにほかなりません。それは一方で，ようやく「同じ人間」同士が，社会に内在する問題のために一堂に会し，向き合い，問題を解決すべく考える機会として裁判が執り行われはじめたことを意味すると考えます。不完全な人の判断のありようを理解し，さまざまな情報・制度の最善を常に議論し，より適切なあり方を検討し続ける必要があります。

 ブックガイド

藤田政博編（2013）.『法と心理学』法律文化社
　「法と心理学」に関する広範なテーマに対して心理学と法の専門家が各章を担当・執筆しています。本章が示すように，「裁く」という人間の行

為について社会文化的，制度的そして心理的な側面から理解される必要
があります。

Haidt, J. (2012). *The righteous mind*. Pantheon Books. (高橋洋
[訳] 2014. 『社会はなぜ左と右にわかれるのか——対立を超えるため
の道徳心理学』紀伊國屋書店)

　道徳的基盤理論は，私たちの道徳的判断が，進化的に築かれてきた生
物学的基盤をもつ直感に基づくとします。同書は同理論を社会を二分す
る社会的立場であるリベラルと保守の考え方にも影響を与えるものとし
て解説しています。

カーネマン，D．(村井章子訳)(2012).『ファスト＆スロー——あなた
の意思はどのように決まるか？』[上・下] 早川書房

　本章の注8)に示した Tversky & Kahneman (1974) は，2002 年にノ
ーベル経済学賞を受賞した心理学者ダニエル・カーネマンの研究で，人
間のさまざまな判断の認知的バイアス（ヒューリスティックス）を扱っ
ています。

第II部
刑事法と心理

第**4**章 **虚 偽 自 白**
取調べのあり方と供述の信用性

キーワード　自白，取調べ，供述，任意性，録音録画，（取調べの）可
視化，（取調べを録取した）調書，誤判，信用性，えん罪，尋問技法，
オープンクエスチョン，クローズドクエスチョン，被暗示性，ラポー
ル，強制－追従型虚偽自白，強制－内面化型虚偽自白

● 学習内容

　一般に被疑者の自白は決定的で有罪の重要な証拠とされてきました。
ところが，これまで死刑が確定した事件で4件もの再審無罪が日本で生
じており，そのいずれも元の裁判では有罪の主要な証拠が自白であった
にもかかわらず，再審ではその信用性が否定されています。近年では，
足利事件やパソコン遠隔操作事件のように，真犯人でない人が虚偽の自
白をすることが広く知られるようになりました。虚偽の自白による誤判
例を参考にしながら，供述心理学と呼ばれる分野の研究にもたらされた
成果を踏まえて学びます。

1 取調べと虚偽

1 取調べの録音録画とえん罪

事例 4-1　アメリカにおける取調べの実態　1982 年 12 月，オクラホ
マ州のエイダという街で 21 歳のウェイトレスが殺害され，ウィリ
アム氏とフリッツ氏の 2 人の男性が被疑者として逮捕されました。
ウィリアム氏は長時間に及ぶ取調べの後，事件について自白します。
彼に対する取調べの様子はビデオテープや録音機器に記録されてい

ました。1988 年，強姦殺人の罪で起訴された裁判でウィリアム氏は死刑を，フリッツ氏は終身刑を言い渡されます。ところがその後，DNA 型鑑定で無実が証明され 1999 年 4 月に釈放されるのですが，ウィリアム氏は死刑囚房に無実の罪で 11 年間拘禁されていました。

この事件をノンフィクション作品として取り上げた作家，ジョン・グリシャムは，取調べでウィリアム氏が自白する場面を次のように描いています（[　] は筆者注）。[1]

トミー［ウィリアム氏］の脳は活動停止に追いこまれ，いまでは低い声でつぶやくようにしゃべるのがやっとだった。刑事たちの作り話を復唱しようとしても，いろいろな事実を混同してばかりいた。スミスとロジャーズ［取調官］が話をやめさせて，自分たちの作り話を改めてきかせ，トミーに最初から復唱しなおさせた。リハーサルを四回くりかえしてもほとんど進歩はみられなかったばかりか，主演男優がみるみるうちに消耗してきたので，刑事たちはついにカメラを回すことにした。

よし，本番だ——刑事たちはトミーにいった——ちゃんとやれ，夢がらみのおふざけはやめるんだぞ。

「でも，この話は事実じゃない」トミーはそういった。

とにかくしゃべれ——刑事たちは迫った——あとで事実ではないという証明を手伝ってやるから。

そして夢がらみの話はおふざけでなくなった。

この事例のウィリアム氏の裁判では，撮影された**自白**の記録映像が有罪の決め手となったことはいうまでもありません。**取調べ**で被疑者が語った**供述**を書面に記録したものを「調書」といいますが，調書が取調官による作文になってしまう可能性を考えると，取調べ中の音声や映像が記録されていてそこで犯行を自白しているとすれ

1)　グリシャム，J.（白石朗監訳）（2008）.『無実』［上］ゴマブックス，164 頁以下

ば，これは決定的な証拠になると期待されます。裁判段階で，「取調べ中に無理に取調官にいわされた」といったような主張が被告人から示されることがしばしば起こりますが（これを法律用語で**任意性**を欠いた自白，といいます），そうした問題も**録音録画**されていれば回避できるように思われます。

　日本でも，長年にわたって警察や検察で取調べを録音録画すべきだという議論が続いてきました（こうした録音録画を**取調べの可視化**と呼びます）。取調べの録音録画を行う際に重要なことは，始めから終わりまで取調べの過程をすべて記録しておく，ということです。そのことはウィリアム氏のケースをみれば一目瞭然でしょう。自白した取調べを含めて，取調室でのやりとりがすべて記録されているわけではない場合には，どんなに自白した部分が映像に残されていても私たちはこれを信用することはできないでしょう。[2]

2 虚偽自白を見抜くには

　これまで，日本の裁判では，犯行に関して紙の調書に書かれた自白が証拠とされてきました。いきおい，捜査機関は裁判での証拠とするために取調べでは自白を求め，これを書面化しようと努めてきたわけです。そうした取調べで得られた虚偽自白によって誤った裁判が繰り返されてきたことは皆さんもご存じでしょう。

　そこで，これからは供述やそれを記録した調書にだけ頼るような刑事裁判から脱却して，科学的で供述に頼らない裁判のあり方を求めて改革が進められることとなりました。その結果，2016年5月に法律が改正され（刑事訴訟法第301条の2），2019年6月から裁判

2）　取調べの可視化に関してはさしあたり，指宿信『被疑者取調べ録画制度の最前線——可視化をめぐる法と諸科学』（2016，法律文化社）と同書各章参考文献を参照。

員裁判該当事件で被疑者が身体拘束されている警察での取調べについては，録音録画していなければ**取調べを録取した調書**を証拠として採用できないことになりました。

　今後，このような映像や音声に記録された供述（自白）が証拠とされることが増えるでしょう。けれども，そこにはもう1つの課題が横たわっています。つまり，書面に書かれた文章から音声・映像へと自白の記録媒体が大きく変化する時代に，私たちはウィリアム氏のしたような真実でない，すなわち虚偽の自白をどのように見分けることができるか，という問題です。本章では，これまで日本で，虚偽自白の結果，**誤判**が繰り返されてきた歴史を振り返り，そうした問題に関する心理学研究をひもとき，今後，心理学が果たすべき役割について考察を深めたいと思います。

┃ **2**　自白と刑事裁判

1　自白の信用性

　刑事ドラマなどでお馴染みの「取調べ」ですが，その取調べについて法律は次のように規定しています。「検察官，検察事務官又は司法警察職員は，犯罪の捜査をするについて必要があるときは，被疑者の出頭を求め，これを取り調べることができる」（刑事訴訟法198条）。この取調べの目的と機能は，取調べをする相手方（被疑者）に問いを発し答えを求め，供述という「証拠」を収集するところにあります。[3]

　被疑者や被害者，参考人の供述は，「調書」と呼ばれる書面とし

---

3)　村上尚文（1979）.『取調べ』立花書房

て記録（録取）されます。被疑者が自分に向けられている嫌疑を認める供述を「自白」といいます。「自供」とも呼ばれます。そうした供述を記録する際，すべての発言を逐語的に記録するのではなく，通常，一人称のかたちで整序された物語形式になっています。

　たとえば，ある殺人事件の自白調書には，「私は被害者の右肩側から右手を前にまわし首の前側から中央付近に親指を開いてあてがい，左手を開くようにして首の後方から押さえつけ一気に両手で力一杯締めつけたのです」といった具合に記載されています。

　けれども，公判になってみると，このご遺体の鑑識をした法医学者によって被害者の首に残された痕跡と，この自白で語られた殺害方法が一致しない，という指摘がなされたとしましょう。たとえば，この自白では手で首を締めたとされているのに，法医学者はひもで首を締めたと推測した，というような場合です。つまり，客観的事実と自白の内容が食い違ってしまったわけです。裁判官や裁判員は果たして自白調書の内容を信用して有罪を言い渡すことができるでしょうか。

　もちろん，DNA型鑑定のように科学的証拠が現れて被告人とは違う第三者の犯行を示す事実が出てくれば無罪となることはいうまでもありません。しかし，実際の裁判ではそう簡単にドラマのようにはいきません。

　これまで後に誤判とわかった事件において，裁判官たちはこうした，客観的事実と食い違うような自白でも信用できるとして有罪判決を出してきました。ここで「信用」というのはあくまで証拠上，この供述（自白）に基づいて有罪方向の心証を取ってよいとする法律的評価を指すもので，真実かどうかをいっているのではありません。多少の食い違いはあるけれどもそれに基づいて有罪としていいだろうという意味で**信用性**を認めてきたのです。

けれども，いったん「自白」が信用されて有罪となったにもかかわらず，DNA 型鑑定が改めて実施され無実が証明されたケースであるとか（足利事件；後掲），「自白」によって有罪になり服役までした後に真犯人が判明したため取調べでいった「自白」が真実と反していたと判明したケース（富山氷見事件；後掲）のように，後に「自白」が虚偽であることが判明した事案は少なくありません。

2 作られる「供述」証拠

　本章では，人が虚偽の自白をしてしまうメカニズムや心理状態について，取調室のなかで作られる「調書」に描き込まれる自白の作成過程が心理学的に検証されたケースや，虚偽自白に関する内外の研究をみてみたいと思います。

　法律では，起訴され被告人になった人の自白を証拠として採用する場合には，被疑者に調書の内容を読み聞かせて誤りのないことを確認させたうえで調書の末尾に被疑者が署名もしくは押印をするよう要求されています（刑事訴訟法 322 条 1 項）。取調室では一問一答で取調官の質問に答えていたにもかかわらず，実際出来上がった調書には供述が要領よくまとめて記載され，さも供述が 1 人ですらすら語ったかのようになっています。つまり，調書を読み聞かせて署名もしくは押印する手続というのは，供述者がそうした趣旨の供述をしたわけではないにもかかわらず，内容的には自身の供述が正しく記録されたと認めたという，承認の儀式になっているわけです。

　こうして供述調書が上手に，何通も作成されたとしても，基本的に調書というものは，取調室でのやりとりをそのまま記録・再現したものではなく，あくまで後の刑事手続に向けて捜査機関によって作成された（証拠化された）記録だということを忘れずにおきましょう。

3 虚偽自白による誤判例

1 足利事件 (日本)

　足利事件というのは，栃木県足利市近辺で発生した複数の女児誘拐殺害事件のうち，1990 年 5 月，渡良瀬川河川敷で遺体が発見された M ちゃんの事件で S 氏という男性が逮捕・起訴され，有罪となり，その後，無実を訴える再審請求審の段階で新たに実施された DNA 型鑑定によって S 氏の型ではない別人の型であることが明らかになり，**えん罪**が明らかになったものです。[4]

　S 氏は警察への任意同行の後，わずか 12 時間ほどで犯行を自白することになりますが，このケースが有罪とされたのは，S 氏が幼児性愛者であると断定した精神科医の鑑定と，M ちゃんの衣服から発見された犯人の精液の DNA 型と S 氏の DNA 型が一致したという当時の鑑定が大きく影響しています。しかし，一審でも二審でも結局は S 氏の自白について信用性が認められ証拠とされていることから，裁判官は鑑定だけで有罪としたわけではないことは明らかです。捜査や取調べをした警察官も，起訴をした検察官も，当時の DNA 型鑑定の結果を信じて，S 氏が犯人であることをまったく疑っていなかったものと思われます。

　ところが，S 氏のやり直し裁判，すなわち再審の段階で開示された当時の S 氏の取調べ状況を録音したテープには，検察官が S 氏の自白内容について疑いを抱いていたことが明らかになったのです。実は S 氏は取調べのなかで M ちゃんの事件だけでなく他に周辺で

---

4) この事件について詳しくは，小林篤『幼稚園バス運転手は幼女を殺したか』(2001，草思社)，および下野新聞社編集局編『冤罪足利事件──「らせんの真実」を追った四〇〇日』(2010，下野新聞社)を参照。

起こっていた2件もの幼女誘拐殺人を自白していました。検察官は
そうした自白の経緯や内容に疑問を抱き次のような指摘をしている
のです。[5]

　　検察官　「あのね。君ね。今までのいろいろな事件を聞いている
　　　となあ」

　　S氏　「はい」

　　検察官　「みんな同じような説明をしているんだよね。ねっ。ど
　　　こが同じような説明してるか分かる？」

　　S氏　沈黙8秒

　　　　（中略）

　　検察官　「まあ今言ったようなことがね。同じかもしれないんだ
　　　けども。ね。同じであってもいいところと。ねー。同じであっ
　　　て，ちょっと妙だと思うところと。ね。色々あるわけだよ。
　　　ね」

　　S氏　沈黙7秒

　　　　（中略）

　　検察官　「Yちゃんの事件にしろ，Aちゃんの事件にしろね。君
　　　の説明するね，説明する事件内容がこう，1つのパターンには
　　　まってる感じなんだよね」

　　S氏　沈黙7秒

　　検察官　「どうなの？」

　　S氏　沈黙5秒

　　検察官　「細かいこと説明したくなくてね，ね。1つのパターン
　　　にはめて説明しているってことはないかい？」

---

5), 6)　菅家利和・佐藤博史『訊問の罠——足利事件の真実』（2009，角川書店）
より抜粋。

では，どうしてＳ氏はやってもいない，こんな恐ろしい犯罪について，しかも連行されて間もなく自白してしまったのでしょうか。それについて，Ｓ氏自身がのちに次のように説明しています。

　　「どれだけ自分じゃないと言っても聞き入れてはもらえず，脅迫と変わらない取り調べを受けているうちに，もうどうでもいいや，という気持ちになってしまいました」

　そして，こうした犯行を自白したら重い刑罰を受けることを恐れなかったかという点についても，「このまま黙っていては，いつまでも責められるだけだと思えたので，それから逃れたかっただけなのです」と，死刑になったり刑務所に送られることについてはまったく頭に浮かばなかったと回想しています[6]。

　また，何度も繰り返される取調べ中，否認に転じたりすると怒られてしまうため，最初からやり直すのが怖くて嘘がばれないようにまた嘘をついたことや，覚えていないというと「思い出せ」と怒鳴られるので自分で話を作っていったことを述べています。先の取調べの録音にあった検察官は，Ｓ氏の自白の虚偽性に気づき想像で語っていないかと念を押しているのですが，記憶にないという真実の供述をしたときに警察で味わった恐怖の体験を回避しようとするＳ氏は，結局検察官に対しても嘘をつき通そうとしたのでした。

　こうしたＳ氏の自白の経緯をみると，虚偽でない供述を引き出すためには尋問に当たる側に適切な取調べのテクニックが備わっていなければならないことが明らかでしょう。イギリスでは，取調室での会話をすべて録音する制度が早くから発達したため，それに合わせて**尋問技法**も洗練されていきました[7]。その１つが，クローズド

7）　ブックガイド『取調べの心理学』参照。

クエスチョンを回避し，オープンクエスチョンを行うというものです。**オープンクエスチョン**は尋問（質問）者の求める答えを引き出す目的ではなく，被疑（回答）者から情報を引き出すために有益だと考えられています。**クローズドクエスチョン**は通常「はい」か「いいえ」の択一的な態度を求めることから被疑（回答）者から真実の情報を引き出す機会を失わせる可能性が高いということが供述心理学の知見となっています。

先ほどのS氏の取調べの記録をみると，検察官はせっかくS氏の犯行に疑問を抱いたにもかかわらず，クローズドクエスチョンを続けることでS氏を黙らせてしまい，S氏の自白についての疑問には理由があることを見出す貴重な機会を逃してしまったことがわかるでしょう。

こうした尋問の仕方が不適切であることがわかってきたことから，ようやく日本でも，取調べの高度化の必要が求められるようになり，近年，警察でも心理学の知見を取り入れたマニュアルが作られるようになっています。[8]

2 富山氷見事件 （日本）

富山氷見事件とは，2002年1月から3月にかけて富山県氷見市で起きた2件の婦女暴行事件を指します。犯人とされたY氏は逮捕・起訴され懲役3年を言い渡されて服役しました。けれども，別の事件で鳥取県警に捕まっていた真犯人がこれらの事件についても自白したため，2007年1月になってY氏が無実であるとの発表を富山県警本部長が行い，異例にも検察側による再審請求が行われ，無罪となったのです。

---

8) 日本経済新聞記事「取調べに教本，自白誘導防ぐ　警察庁」（2012年12月13日付）。

Ｙ氏もやはりＳ氏と同じように任意の取調べ中に「自白」したことになっています。警察への３回目の呼び出しの際，精神的に限界になったＹ氏が取調室で倒れてしまい，その後，Ｙ氏はパイプ椅子に座らされて自白を迫られました。その時の様子をこう回想しています。[9)]

　　「（母親の）写真を出して，その写真をこういうふうにもって，つきつけて，おまえはやっていないということをその写真に向かっていえるのかと。」「あとは，おまえのお姉さんも，間違いないからどうにでもしてくれといっているとか，そういうのを何度も繰り返されて，いわれるんですよ。……もう家族にも見捨てられた，何をいっても通用しない，と思ってしまい，その思いから，『はい』と一言いってしまったら，もう１分もたたないうちに逮捕状もってきて……留置場に連れていかれました」

　このようにＹ氏は語っているのです。実は，Ｙ氏は警察官に対して自白した後に，検察官取調べの際や，裁判官による聴聞の席では犯行を否認しているのです。けれども，警察署に戻されるとただちに取調べが再開されてＹ氏は暴行や脅迫によって責め立てられ，恐怖感から再度の自白に転じていきます。
　無実が判明した後に警察の調査で明らかになったことですが，事件の現場に残されていた足跡と明らかにＹ氏の靴のサイズは違っていましたし，被害者の供述から推定される犯行時間帯にＹ氏の自宅の電話の通話記録が残っておりアリバイが成立していた可能性が高かったというのです。客観証拠を見逃してＹ氏が犯人であるという思い込みから，犯行を認めさせるためだけに尋問が行われ，

---

9)　柳原浩編（2009）．『「ごめん」で済むなら警察はいらない──冤罪の「真犯人」は誰なのか？』桂書房，37頁．

虚偽の自白を作り出したことが明らかでしょう。しかも，警察官は
Y氏を犯行現場とされている場所に連れて行き，犯行の再現まで
させているのです。このようにして作られた供述（自白）調書や犯
行再現調書が，Y氏の裁判で有罪の根拠とされたことはいうまで
もありません。

3 タウンゼント事件 （アメリカ）

アメリカでも最大の虚偽自白事件として著名なこのケースは，
1979年の夏にフロリダ州で起きた4件の女性殺害事件について目
撃証言を基にJ. F. タウンゼント氏が逮捕されたというものです。
捜査官は同州の未解決殺人事件について尋ね，4日間の取調べ中，
タウンゼント氏は20件ほどの殺人事件について自白します。しか
し検察官はその大半を彼がなしえないという証拠をもっていたため
結局6件の殺人事件で起訴するにとどまりました。[10]

タウンゼント氏の自白はテープ録音されていましたが，それは頻
繁に停止と再開を繰り返したものでした。しかも彼の自白した内容
は大半が間違っており，被害者の人種や年齢すら間違っているほど
で，日付も6年も食い違うなど信用性に乏しいものでした。殺害方
法も変遷しており，それはテープに記録されていました。それでも
2つの殺人について有罪とされ，仮釈放まで最低25年という終身
刑を受けます。

その後，別の犯人の仕業であると考えたある捜査官がDNA型鑑
定を要求し，その疑念が正しいことが証明され，2001年，タウン
ゼント氏は22年刑務所で過ごした後に釈放されました。真犯人は
41件の強姦事件と70件の強姦殺人事件の嫌疑をかけられた人物で

---

10), 11) ドリズィン，S. A.・レオ，R. A.（伊藤和子訳）（2008）．『なぜ無実の人
が自白するのか──DNA鑑定は告発する』日本評論社

した。

　タウンゼント氏はIQ50前後で8歳ほどの知能程度であると判定されたいわゆる知的障害者と呼ばれる人です。こうした人の取調べには通常の場合よりもずっと専門的で慎重な取調べが必要なことはこんにちよく知られています。タウンゼント氏の弁護人は彼を評してこのように述べています。「この男は，何でも自白しかねない」「私たちは実際にやってみたんだ。実際にどんなことでも自白させることができた」「（警察は）なかなか犯人が見つからない事件のファイルをタウンゼント氏に押し付けて片付けたかったのだろう」と。[11]

　知的障害をもった人や年少者のように，他人からの圧力に弱い被疑者のことを「供述弱者」と呼んで，特別の保護が必要であることは日本の捜査実務でもようやく認められるようになっています。たとえば，2011年に日本の検察庁で録音録画を行うよう通達が示されましたが，その対象とされた3つの類型の1つが「知的障害者」でした。実際に，2010年に放火の容疑で検察官が取り調べた知的障害者から誘導によって自白調書を作成した疑いが起きて，その後起訴を取り下げた事案が報告されています。[12]

　知的障害者の特徴としては，一般的に，**被暗示性**や迎合性が高いことが知られています。これは少年にもあてはまるとされていて，単に取調べを録音録画によって記録するだけでは足りず，援助者の立ち会いや十分に訓練を積んだ取調官による尋問が不可欠であるとされています。日本でも知的障害者の自白や供述の信用性が問題とされたケースは少なくありません。[13]

---

12) 毎日新聞記事「〈自白調書〉知的障害者を誘導　大阪地検検事」（2010年1月20日付）

13) たとえば，野田事件と呼ばれるケースがそれです。浜田寿美男『取調室の心理学』（2004，平凡社）を参照。

4 小 括

　Y氏の受けたような脅迫や暴行は本当に警察や検察の取調べで行われたのかどうか，後に警察・検察の責任を追及するため起こされた民事裁判でこの点が争われました。取調室でのやりとりがすべて録音録画されていれば，そうした事実の確認は容易になることでしょう。しかし，そうでない場合でも，さまざまな事情や証拠から，そうした暴力的取調べによって虚偽自白が生み出されていることは裁判所も認める事実となっています。

　ある弁護士は，取調べが長時間にわたって録音されていた珍しいケースについて報告していますが，その録音記録も飛び飛びに行われており，裁判所は「被告人が供述するような捜査官による暴行脅迫が，テープに録音されていない間になされた可能性をあながち否定できない」といっています[14]。このケースでは取調官による露骨な利益誘導もテープに残されています。ほかに，警察での取調べが被疑者によってICレコーダーに録音されていたため，警察官による脅迫文言が記録された結果，脅迫罪で有罪が確定したケースもみられます[15]。

　このようなケースをみてみると，日本では取調べが供述者（被疑者や参考人）から情報を正しく，適切な手法で引き出すことを目的としているのではなく，嫌疑を受けた人から犯行を認める供述（自白）を取ることだけを目的としているのではないかという疑いが出てくるでしょう。実際にインターネットに流出した警察の取調べマニュアルには，「調べ官の『絶対に落とす』という，自信と執念に満ちた気迫が必要」であると書かれているということです[16]。S氏やY氏に対する取調べはまさにそうした方針に則った行動だといえ

---

14), 15)　指宿信編（2011）.『取調べの可視化へ！』日本評論社

16)　朝日新聞記事「自供させるまで取調室出るな」（2006年4月13日付）

るでしょう。

　では，虚偽自白を引き出さないような取調べを実現することはできないものでしょうか。先に述べたように供述心理学の分野では，供述者から「情報を正しく引き出す」技法の開発が進んでいます。イギリスでは，取調べがすべて録音される制度になった結果，警察官の面接訓練が行われ，「否認する被疑者を自白させようとする考え方から，証拠を収集する考え方（純粋に自白を得ることを求めるのではなく，より広範かつ多様な証拠を獲得すること）に主眼をおくべきであると結論づけたのです。[17]

　情報を正しく引き出すためには，何より供述者との関係性が重要なことはいうまでもありません。心理学ではこれを**ラポール**（面接者〔取調官〕が被面接者〔被疑者等〕と意味ある交流をすること）と呼んでいます。ラポールを構築するために最も重要なことは「共感的コミュニケーションにある」といわれています。[18] けれども先のY氏の取調べでそうした態度が取調官から示された様子はまったく窺えません。憲法学者が痴漢事件の犯人と決めつけられ，結局不起訴に終わった事件の取調べを受けた経験を明らかにしていますが，最初から「私は見ていないが，あなたは犯人だと思っている」と決めつけ，「嘘をついている」などと繰り返したということです。[19] 誘拐殺人や強姦事件といった重い罪の場合であれ，痴漢事件のような比較的軽微なケースであれ，被尋問者から情報を収集する意図はまったく感じられず，取調べの場は単に自白を強要する場と化していることが明らかでしょう。

　また，日本の取調べにおいて頻繁に用いられている利益誘導も共[20]

17），18）　ブックガイド『取調べの心理学』参照。

19）　飯島滋明（2012）．『痴漢えん罪にまきこまれた憲法学者』高文研

20）　日本での利益誘導を伴った取調べについて裁判所も厳しい姿勢をみせること

感的コミュニケーションではないというべきでしょう。誘導をすることは質問をする際に避けられませんが，被疑者に対して何らかの利益，たとえば早期の釈放の約束や家族・恋人との面会の機会などを与えることの見返りに供述を促すことは，結果としてその供述の任意性を疑わせる明白な理由となりえますし，虚偽の自白を生み出す原因となるのです。

4 虚偽自白に関する心理学的研究

1 浜田の研究

　どうして人は，やってもいない罪について，しかも，とても重い刑罰が予想できるにもかかわらず，自白してしまうのでしょうか。日本の供述分析の第一人者である浜田寿美男は，虚偽の自白を3つのタイプに分けています。第1は，自分で名乗り出る「身代わり」タイプです。理由はさまざまで，家族内やヤクザ組織の身代わりが代表的ですが，まれには有名になりたいからあえて名乗り出るというケースもあるようです。第2は，自分の記憶に自信がもてず，やったかもしれないと自白してしまうケースです。「自信喪失」タイプといえるでしょう。浜田はこれを「自己同一」型自白と呼んでいます。第3は，自分がやっていないという記憶に自信はあるのに，取調べの辛さに耐えきれなかったり，周囲の状況に合わせるほかなかったりして自白する場合です。「屈服迎合」タイプです。浜田によれば，この第3の場合が一番多いといいます。[21]

があります。そうした実例については，前掲14）の指宿編（2011）11頁などを
　参照。
21），22）　浜田寿美男（2001）．『自白の心理学』岩波新書

しかし先ほどもみたように，日本では自白は調書として文書化，書面化されていますから，自己同一型ならいざしらず，屈服迎合型の自白の場合にどのようにして自白調書が作られるのか，という疑問が出てきます。いうまでもなく，調書には詳細で具体的な犯行態様が盛り込まれているので，虚偽自白の主張がそもそも間違っていて，本当に犯人だから自白しているのだ，という見方があるでしょう。反対に，取調官が勝手に創作して無理やり調書に署名もしくは押印させた，という見方もあるでしょう。浜田は，いくつもの刑事事件の記録を分析したうえで，捜査官が「無実の者を自白させている」という意識のないまま（真犯人であると信じた状態で）自白調書を作成していくプロセスを発見し，自白調書の作成について「捜査官と被疑者との協働作業」と名づけました。

　浜田の行った供述分析はほかにも数多くあります。たとえば，1954年に起きた仁保事件という一家6人殺害事件で逮捕され自白したO氏の自白調書と取調べの録音テープを比較しながら，浜田は，「真犯人のような」自白が取調官と一緒になって作り出されていく過程を解明しています[22]。録音されていない場面でO氏はひどい拷問を繰り返し受けていますが，自白調書の作成場面では拷問が用いられるのではなく，執拗で圧迫的な尋問が続けられていました。O氏は「犯人になったつもり」で事件の場面を「想像し」供述することになるのです。常軌を逸したような場面ですが，浜田はこれを「常軌を逸しているのは被疑者ではなく，彼の置かれた状況なのである」として，あくまで警察がO氏を犯人視し厳しい尋問を続ける取調べの場に，虚偽自白が生成される原因を見出しています。

2 大橋・高木たちの研究

　大橋靖史，高木光太郎たちのグループは，先に紹介した日本の虚

偽自白ケースである足利事件の犯人とされたＳ氏がまだDNA型鑑定によって無実証明されるより前に，Ｓ氏の供述を分析しその虚偽性を鑑定したことで一躍有名になりました[23]。Ｓ氏の供述は結果的に真実ではない内容を数多く含んでいたのですが，鑑定時点ではそのことはもちろんわからないわけです。そこで高木たちは，Ｓ氏の「語り」に着目し，「心理状態」や「行為」についてどのような語り方をしているかという観点から分析を進め，「スキーマ・アプローチ」と呼ばれる分析手法にたどり着いたのです。すなわち，Ｓ氏は自分が体験した出来事について説明するときは一貫して身体的な行為を語り，他方，体験していない出来事については尋問者に内容を委ねる語りをしていることを発見していくのです。これはＳ氏の語り方が独特であったことも作用していますが，体験供述の場合には「××が『○○』といいました」「（わたしは）『はい』といいました」と，まるで起きた出来事を時間に即してドラマのシナリオのように記述する傾向があることを突き止め，これを「行為連続的想起」と呼びました。反対に，体験していない出来事について，すなわち「（Ｓ氏がやっていない）犯行」について，そうした想起が供述においてなされていないことから，そうした部分の供述（すなわち自白）には信用性がないとする意見をまとめました[24]。

　先の浜田による供述分析がコミュニケーションに重点が置かれていたのに対して，大橋・高木たちの手法は被疑者による語りの独自性を読み解くことに特徴があります。これが「スキーマ（図式）」アプローチと呼ばれるゆえんです。取調べによって生み出された取

23) 大橋靖史・森直久・高木光太郎・松島恵介『心理学者，裁判と出会う――供述心理学のフィールド』（2002，北大路書房）や，高木光太郎『証言の心理学』（2006，中央公論新社）など参照。

24) 残念ながら控訴審段階で提出されたこの意見書は陽の目を見ませんでした。前掲23）の高木（2006）参照。

り調べる側と取り調べられる側の関係性を供述分析の対象としていた時代から，供述者の語りそのもの，供述の特性に光を当てた新しい供述分析方法を確立することになったのです。[25]

3 カッシンの研究

アメリカの心理学者S.カッシンたちは，虚偽自白のケースを検討した結果，虚偽自白にはさまざまなタイプがあることを見出し，これを3つのカテゴリーに分類しました。[26]このカテゴリーはその後，後述のグッドジョンソンたちによって発展し，さらに拡張されていきました。

まず，自発型虚偽自白と呼ばれるものです。これは自白を強要されることなく，被疑者自らが偽りの自白をするというタイプです。その理由にはさまざまなものがあり，より重い罪を隠すため，家族や大切な人を守るため，売名，病的欲求，空想など多様です。

第2は**強制−追従型虚偽自白**と呼ばれるタイプです。真実でないと自覚しながら何らかの利益を得るためになされ，被疑者自身が自分の虚偽自白に何らかの理由を与えているケースです。たとえば長期の身体拘束を避けるため，釈放を得るためといった理由から自白がなされます。

第3は**強制−内面化型虚偽自白**といわれるカテゴリーで，実際にやっていない犯罪を自身がやったと信じ込んでしまうようなタイプです。その原因は不安，疲れ，混乱，暗示といった主に取調室での

---

25) その後も高木・大橋たちのグループはえん罪を訴える事件の自白（供述）分析を進め裁判所に鑑定書を出しています。その例として，大崎事件（鹿児島県）があります。同事件の詳細についてたとえば，鴨志田祐美「ロー・ジャーナル 大崎事件第2次再審請求から見た刑事司法の課題」（2014，『法学セミナー』59巻12号）参照。

26) ブックガイド『取調べの心理学』参照。

状況によって生まれる虚偽自白です。取調官が被疑者の記憶の正確性に疑念を植えつけることに成功すると、被疑者は自身の記憶に不信を抱き自白してしまうのです。

　こうしたカテゴリー分類はその後の虚偽自白分析を大きく発展させる手掛かりとなり、心理学者はこれを手掛かりにより洗練された分類を目指すようになりました。

4 グッドジョンソンの研究

　イギリスにおいて1980年代から活発な供述や取調べの研究を行い、「法と心理学」の分野をリードしてきたG. H. グッドジョンソンは、1984年に「被暗示性尺度（Gudjonsson Suggestibility Scale: GSS）」と呼ばれる、尋問状況にある人物がどの程度取調官に影響されやすいかを可視化する指標を提案しました。その後もこの尺度の改訂は繰り返されていますが、GSSのスコアが高い人は、記憶力がかなり低く、不安水準が高く、自尊心の低さや主張の欠如を示す傾向が知られています。グッドジョンソンは、虚偽自白をした人は、虚偽自白をしていない被尋問者に比して、被暗示性と追従の項目について得点が高いことを報告していますし、また、先のカッシンたちによる第3のカテゴリー、強制−内面化型虚偽自白をする者がGSSの被暗示性や作話傾向が高いことを見出しています。[27]

5 レオの研究

　アメリカで実際の取調べにおける参与観察に基づいて、どのような取調べの戦術が用いられているかを研究したR. A. レオは、警察

---

27)　初期の翻訳として、グッドジョンソン、G. H.（庭山英雄・渡部保夫・浜田寿美男・村岡啓一・高野隆訳）『取調べ・自白・証言の心理学』（1994, 酒井書店）を参照。

官が被疑者を「騙す」ためにあらゆる手段が用いられていることを発見しました[28]。もっとも，レオの観察によれば取調官はただ「騙す」ことで自白を得るだけではなく，被疑者自身に自白してよかったと納得させるようなプロセスとなっていることも報告されています。周知のとおり，アメリカでは被疑者は取調べに弁護人を同席させる権利を有しているのです[29]。そのため，早い段階で警察官はその権利を放棄させることにまず全力を集中します。そして続く自白を求める段階では，証拠について被疑者に嘘をついたり，軽い刑を約束するといった誘導をしたり，巧妙なテクニックを用いていることも明らかになりました。

こうしたアメリカの尋問技法の背後にあるのが，F. E. インボーたちによって開発されたリード・テクニックと呼ばれる手法です[30]。たとえば，「おびき質問」と呼ばれる簡単な引っかけから，2人以上の共犯者がいるときに相互に腹の探り合いをさせ「漁夫の利」を得るような手法まで幅広い戦術が描かれています。そうした方法には無実の人間に虚偽の自白をさせてしまう危険性はないとインボーたちは強調しているものの，そこで推奨されている戦術のほとんどが，心理学者たちの研究によって被尋問者から虚偽自白を引き出してしまうおそれがあるとされているのです。

---

28) レオの研究については，多田辰也『被疑者取調べとその適正化』(1999，成文堂) 参照。

29) いわゆる「ミランダの権利」と呼ばれる。合衆国最高裁判所判決（Miranda v. Arizona）から採られた。詳しくは，ドレスラー，J.・ミカエル，A. C.（指宿信監訳）『アメリカ捜査法』(2014，レクシスネクシス・ジャパン) を参照。

30) インボー，F. E.・リード，J. E.・バックリー，J. P.（小中信幸・渡部保夫訳）『自白——真実への尋問テクニック』(1990，ぎょうせい) を参照。この手法の危険性については，たとえば前掲2) の指宿 (2016) など参照。

5 科学的な取調べに向けて

　これまで日本の刑事裁判では，心理学者による供述分析について裁判官たちがその価値を理解せず，まるで科学ではないかのように見下していた時代がありました。けれども本章で紹介した，浜田による自白分析や，高木・大橋たちの足利事件におけるS氏の自白分析が，後に科学的証拠によってえん罪であると判明する以前に信用性がなく虚偽であることを探知していた事実を参考に，心理学の知見を積極的に評価すべきだという指摘が増えるようになっています[31]。

　裁判過程では科学的な証拠や客観的な証拠が重要視される時代になってきてはいますが，そうした証拠がすべての犯罪に揃っているわけではありません。詐欺罪であるとか贈収賄罪のように，ほとんど供述に依存する事件は少なくないのです。そうした事件の解明にあたっては，虚偽の供述を引き起こさないような取調べのあり方が求められるのは当然ですし，そのための訓練や教育がまずもって警察官や検察官の育成に組み込まれなければなりません[32]。

　また，これまで供述証拠に基づいて有罪とされてきた事件で今なお裁判のやり直しを求めているケースは少なくありません。過誤を生まないため，すなわち将来に向けて心理学が有益であることはい

31）　たとえば，木谷明『刑事事実認定の理想と現実』（2009，法律文化社）など参照。先に紹介した大崎事件の第三次再審請求審に関わり，鹿児島地方裁判所で2017年6月に出された再審開始決定では，高木・大橋によるスキーマ・アプローチに基づく供述特性分析を高く評価しています。

32）　海外の取り組みや教育の最新事情については，山田直子「ロー・ジャーナル　捜査取調べ国際会議に出席して──可視化時代の取調べ研究への示唆」（2016，『法学セミナー』743号）参照。

うまでもありませんが，過去の捜査や裁判の過ちを検出するうえで
も心理学の知見が不可欠といえるでしょう。

📖 ブックガイド

ミルン，R.・ブル，R.（原聰編訳）（2003）．『取調べの心理学──事実聴
　取のための捜査面接法』北大路書房
　　捜査面接法と呼ばれるイギリスで発展した被疑者や被害者等からの供
　述取得方法について，取調室内での会話の管理や面接にあたって聴取に
　困難を抱える供述弱者等の場合のアプローチ，子どもの場合の特別な方
　法，面接官の訓練に至るまで幅広く伝授する。

桐生正幸（2005）．『犯罪捜査場面における虚偽検出検査の研究』北大路
　書房
　　被疑者の供述中に含まれる虚偽の検出方法として GKT（guilty knowl-
　edge test; 有罪認識）の有無というアプローチを用いて行おうとする心理
　学者による研究。典型的な反応が表出した事例や検出精度の調査に基づ
　いて質問法の考察を展開し，体系的な検出理論を提案する。

浜田寿美男（責任編集）（2017）．『供述をめぐる問題──シリーズ刑事司
　法を考える』［第 1 巻］岩波書店
　　法学者，（元）裁判官，心理学者，弁護士，精神科医といったさまざま
　な背景をもった著者たちが，裁判で用いられる証拠としての「供述」の
　問題点を読み解き，「供述分析」の方法論や記録された供述を可視化する
　方策等について論じる。

ギヨンゴビ，P. A.・ヴレイ，A.・フェルシュクーレ，B.（荒川歩・石崎千
　景・菅原郁夫監訳）（2017）．『虚偽検出──嘘を見抜く心理学の最前
　線』北大路書房
　　他者の嘘を見破る技術としての虚偽検出に関わり，欧州の心理学者た
　ちが分析方法論からポリグラフや fMRI など現在用いられているさまざ
　まな科学的手法を紹介するとともに，検出を行う際の壁や課題を具体的
　に提示し，近時の新しいアプローチについても解説を加える。

ブル，R.・クック，C.・ハッチャー，R.・ウッドハム，J.・ビルビー，
　C.・グラント，T.（仲真紀子監訳）（2010）．『犯罪心理学──ビギナー

ズガイド：世界の捜査，裁判，矯正の現場から』有斐閣

　イギリスの「法と心理学」の第一人者であり，日本にもたびたび訪れ
ている著者たちによる標準テキストの翻訳。犯罪心理学の基礎理論から
捜査・裁判・矯正・処遇の現場の様子や最新の研究が豊富に紹介されて
いる。

第5章 偏見

公判前報道，予断情報そして映像バイアス

キーワード　映像，裁判員，メディア，情報，予断，偏見，取調べ，録音録画，可視化，予断情報，犯罪報道，バイアス，公判前報道，偏向，量刑，前科，感情をかきたてる証拠，被害者感情，任意性，錯覚原因，情報的正義

● 学習内容

　3つの観点から刑事司法過程で偏った情報によって判断者に予断・偏見が生じる可能性があることを学びます。人が判断以前において接した情報によって無意識のうちに判断が左右されると考えられている例として，①公判前に接した報道による陪審員や裁判員への影響，②公判廷に提出される特定の証拠（情報）による事実認定や量刑への影響，③一般には客観的と思われている映像記録も観る者の視点によって無意識に受ける影響を取り扱います。法的見地からは，そうした影響が公平な裁判を受ける被告人の権利が侵害される可能性が問題となります。そのため，刑事司法過程における人の判断がいかにさまざまな情報から心理的な影響を受けているかを踏まえたうえで，適切な判断のあり方やそのための対策や対応を検討する必要があります。

1　刑事司法における偏見

1　犯罪報道の影響

事例5-1　大阪コンビニ強盗　大阪府警のコンビニエンスストアにおいて1万円を強奪したとして，自称・ミュージシャンの20代男

性を強盗容疑で逮捕しました。警察は，コンビニエンスストアのレジから1万円を奪って逃走したレインコートにマスク姿の男が防犯カメラの記録に残っていたところ，男が触ったとみられる店の自動ドアから男性の指紋が検出され，行方を捜していたのです。前日，男性が事件現場と同じ市内の実家に立ち寄った際に逮捕にこぎつけたといいます。男性は容疑を否認しており，警察では現在も取調べが続けられています。

　読者の皆さんは日常的に事件報道・犯罪報道に接していることと思います。犯人逮捕の報道があるとき，ニュースで必ずといっていいほど使われる映像は被疑者が警察に連行されるシーンです。パトカーのなかで前方をみつめる場面や，建物からパトカーまで警官に挟まれ洋服を頭から被って連れていかれる映像が，毎日のようにニュースで流されています。

　こうした報道のなかで流される**映像**イメージは，私たちにどのような影響を与えているでしょうか？　こうした映像を観た人と観ていない人で，その被写体となった被告人を裁く事件をともに審理する**裁判員**に選ばれたとして判断に食い違いが生まれないといえるでしょうか？

　この事例は大変短い犯罪報道ですが，皆さんの心のなかにはどのような印象が残ったでしょうか。犯人とされた男性の指紋が店のドアからみつかったことで，たとえ男性が自白していなくても，逮捕＝真犯人という見方が植えつけられていないでしょうか。

2 法的な規制と未知の問題

　司法に影響しうる人間の心理特性は第3章でも解説しましたが，本章では，とくに刑事司法の手続きのなかでさまざまな情報（それは映像情報であったり言語的情報であったり）が判断者に及ぼす影響に

ついて心理学的考察を進めます。そうした情報は，公判では「証拠」というかたちで出されることもありますが，公判が始まる前には直接メディアやネットを通じて市民に届くことがあります。受け手のなかにはその事件の裁判で裁判員となる人も含まれているでしょう。ある特定の情報については，長い刑事司法の歴史のなかで予断や偏見が生まれることが経験的に理解されており，法的規制がなされています。他方で，本章で紹介される多様な情報については，まだ法律家が気づいていないものや，気づいていたとしても規制する必要がないと考えられているものもあります。

　たとえば，法律では「起訴状一本主義」という考え方が取られていて，起訴状（法律に触れた行為が被告人によって行われたため処罰を求める検察側作成の書面）を除くと，公判廷には被告人が犯人であることを示す情報は，証拠調べが始まるまで提供されることはありません[1]。法律の教科書には，これについて有罪・無罪の判断を行う事実認定者に予断や偏見を与えないための予防策であると説明されています。けれども，裁判が始まりいったん証拠として許容されてしまうと，どのような偏見を生み出す結果に至るのかといった心理学的検討はほとんど行われません。

　たとえば，取調べのなかで虚偽自白が作られてきた反省から，世界中で取調べを録音録画する可視化が進められています。しかし，録画された映像を証拠として採用した場合に，そこに映る被疑者のイメージが観る者にどのような影響を与えるかについて法律家はほとんど何も知らないのです。

　また，たとえ法律的には起訴されている犯罪に関係があるような証拠であっても，感情に強く働きかける可能性のある情報（供述，

---

1) 刑事訴訟法 256 条 6 項

映像，書面）については慎重な判断が求められる場合もあります。これを本章では**予断情報**と呼んでいます。「裁判官や裁判員といった事実認定者に予断を与える可能性のある証拠」を指します。たとえば，裁判員裁判が始まって以降，法廷では弁論の内容をビジュアル化したり，映像を好んで再生するようになっています。しかし，このような多様な情報が裁判官や裁判員に与える影響についてはまだ十分に知られていません。

　以下では，**犯罪報道**に代表される「公判前の報道」について偏った情報が知らないうちに予断や偏見を生み出す恐れや，前科情報であるとか，みる者にショックを与え冷静な判断を阻害してしまうような情報，そして取調べを録画した映像がそれを観る者に生み出す**バイアス**について，「法と心理学」の見地から考察を行い，そうした影響に対する対応策についても検討を加えます。

2　公判前報道の影響

　1994年6月27日深夜，長野県松本市で原因不明の中毒症状で多数の市民が病院に搬送されました。世にいう「松本サリン事件」です。河野義行氏は，家族とともにこの事件の被害者であったにもかかわらず，犯人視されてしまいました。6月29日付の毎日新聞の記事は「長野・松本市ガス中毒死　第一通報者宅を捜索　殺人容疑で長野県警が薬品類を押収」と報じています。この報道は，捜査本部がガスの発生元を河野氏の自宅だと断定しこれを報道機関にリークしたことからなされています。結果的には，河野氏宅には除草剤しかなく，サリンを製造することは不可能であることが判明するのですが，テレビ局や週刊誌の報道は過熱し，犯人視する世論を煽り

ました。[2]

　その後，オウム真理教による犯行であることが明らかになり河野氏の濡れ衣は晴れたわけですが，多くの市民はすっかり報道に踊らされていたことをどのように感じたでしょうか。幸い河野氏は起訴されませんでしたが，オウム真理教の犯行であることが判明しないまま起訴されていたら，はたして裁判官（当時はまだ裁判員裁判はありませんでした）は証拠に基づいた冷静な判断ができたでしょうか。

　本節では，こうした犯罪報道が裁判過程にどのような影響を与えるのか，先行研究を参照しながら，実例を挙げて考えてみましょう。

1　犯罪報道被害

　河野氏の例だけではなく，日本ではこれまで多数の人が容疑者報道で大きな害を被っています。起訴されて被告人（報道では「被告」という呼称が使われます）となり裁判を受ける最中にもそうした過剰な報道が継続する場合も少なくありません。

　日本で犯罪報道被害の代表例とされているのは，いわゆる「ロス疑惑報道事件」と呼ばれる三浦和義氏のケースです。これは，1981年11月ロサンゼルスで暴漢に襲われた妻の殺害事件について保険金殺人の疑惑がもちあがった事件ですが，一審で無期懲役とされたものの二審で逆転無罪，最高裁で無罪が確定します。このケースで特徴的な点は，逮捕前から過熱報道が先行している点で，とりわけ週刊誌による犯人視報道は目に余るものが多数あり，多くが虚偽の内容を含んでいました。そのため400件以上の民事訴訟が出版社を相手取って起こされ，そのうち8割で同氏は勝訴ないし和解してい

---

2)　詳しい経緯については，本人の手記，河野義行『松本サリン事件——虚報，えん罪はいかに作られるか』（2001，近代文芸社）参照。また，この事件と報道のあり方を鋭く突いた映画「日本の黒い夏——冤罪」（2000，熊井啓監督）を参照。

るといわれています。あるスポーツ紙に対する訴訟では，新聞側が「当紙の記事を信用する人間はいない」と主張したとされ，日本におけるマスコミ報道の質の低さを露呈しています[3]。

　もちろん，こうした犯罪報道は作り手の問題だけではなく，視聴者・読者である市民の側の要求に応えている面を見逃せません。たとえば，サリン事件で河野氏の言い分を報道したテレビ局には多くの視聴者から非難ごうごうであったと担当者が証言しています。河野氏の家にあった薬品ではサリンを製造できないと伝えても，抗議の電話や手紙が殺到したといいます[4]。

　客観的な情報を提供するメディアに対して，火のついた市民の処罰感情，あるいは被害者感情への歪んだ同調は，冷静さを欠いていて適切でないばかりでなく，その後の司法過程にも大きく影響を与えるに違いありません。裁判員裁判は，そうした感情に影響された市民が判断者となる可能性がありますから，公判前報道の影響を検討することはとても重要な課題だといえるでしょう。

2 実 証 研 究

　アメリカでは長い陪審裁判の歴史があるため，陪審員に対して報道によってどのような影響が現れるかを測定しようとする研究が重ねられています。たとえば，S. ファインたちは，1997 年に殺人事件に関する情報格差を統制群に与えてその差異を検証しました[5]。つ

---

3) 山際永三・池田理代子・桐生裕子・竹久みち・中西ミツ子・佐川一政・八尾恵・草野光子・米原ゆり・三浦和義・神戸エイズ被害者『報道被害——11 人の告発』(1991, 創出版) に三浦氏自身が被害について寄稿している。

4) 河野義行・磯貝陽悟・下村健一・森達也・林直哉『報道は何を学んだのか——松本サリン事件以後のメディアと世論』［岩波ブックレット］(2004, 岩波書店) 31 頁以降を参照。

5) Fein, S., McCloskey, A. L. & Thomlinson, T. M. (1997). Can the jury disre-

まり，①有罪情報の報道だけを与えられたグループ，②無罪につな
がる事実を加えたグループ，③一切の新聞記事を与えられなかった
グループに分けて，同じ公判記録を読ませたうえで有罪・無罪の判
断をさせたところ，グループ①は 75 パーセントの有罪率で，②と
③の 40〜45 パーセントと大きな差が確認されたというのです。ま
た，C. A. スチュードベーカーたちは，1995 年に実際に起きたオク
ラホマ連邦ビル爆破事件の公判に関する情報をリアルタイムで用い
て，大量の**公判前報道**（pretrial publicity: PTP；第 3 章も参照）にさら
された被験者と比較的少ない被験者とを比べた結果を 2002 年に発
表しています。[6] 彼らの研究によれば，居住する地域が公判地に近け
れば近いほど大量の情報に接し，有罪判決への圧力を感じているこ
とが明らかになったということです。S. スーたちは，陪審員候補
者に選定手続において公判前報道がどのようなものであれ無視する
ことができるかを質問したところ，そのようにできると答えた候補
者でも依然として報道にさらされている場合には有罪に投票しがち
であることを明らかにしています。[7]

　こうした数々の実証研究を俯瞰した S. M. フレロは，公判前報道
の実証研究から得られる知見として次の 7 点を挙げています。[8] すな

gard that information?: The use of suspicion to reduce the prejudicial effects of
pretrial publicity and inadmissible testimony. *Personality and Social Psycholo-
gy Bulletin*, 23, 1215-1226.

6) Studebaker, C. A., Robbennolt, J. K., Penrod, S. D. & Pathak-Sharma, M, K.,
Groscup, J. L. & Davenport, J. L. (2002). Studying pretrial publicity effect: Im-
proving ecological validity and testing external Validity. *Law and Human Be-
havior*, 26, 19-41.

7) Sue, S., Smith, R., & Gilbert, R. (1974). Biasing effect of pretrial publicity on
judicial decisons. *Journal of Criminal Justice*, 2, 163-171.

8) Fulero, S. M. (2002). Afterword: The past, present, and future of applied
pretrial publicity research. *Law and Human Behavior*, 26, 127-133.

わち，①公判前報道にさらされた陪審員はそうでない陪審員よりも有罪票を投じやすい，②陪審員選定手続きで注意を払っても公判前報道の影響を防ぐことはできない，③公判前報道にさらされていても公正な評決ができると答える陪審員候補者も有罪票を投じやすい，④公判を延期しても公判前報道の影響は減少しない，⑤公判前報道の影響は被告人の性格に帰責させやすくする，⑥予断の存在の有無は報道実態からよりも候補者のいる地域に住む人々から確認されるべき，⑦公判前報道の影響を遮断する有効な方策は裁判地の変更が最適，というものです。

　これらの研究を紹介した渕野貴生は，公判前報道の影響は明らかであるばかりでなく，その影響は強固であると指摘し，日本でも被告人の公平な裁判を受ける権利に対する侵害防止策の必要を説いています。[9]

3 偏向報道の分類

　以上の実証研究を踏まえて，偏った報道に接した判断者にバイアスが生じることをいかに回避するかを考察する前提として，**偏向**した報道の内容について3つのタイプに分類して，それぞれ実例を紹介しておきましょう。

　第1のカテゴリーは典型的な偏向報道で，「被疑者（マスコミ用語では容疑者）属性に関する偏向情報」です。マスメディアが犯人像を描く場合にしばしば常套句が用いられているのは，注意深く観察すればみえてくるでしょう。簡単な例として，「女性」ではなく「女」という表現を取りあげます。

---

9)　渕野貴生（2007）.『適正な刑事手続の保障とマスメディア』現代人文社，101－118頁

例1：

A「警察はこの女が事件について事情を知っているものとみて行方を追っています」

B「警察はこの女性が事件について事情を知っているものとみて行方を追っています」

Aの表現がBの表現よりも相対的に悪性格の印象を読者や視聴者に与えていると思いませんか。犯人に対してばかりではなく，被害者や無関係の人についても「美人」であるとか「老女」「女教師」「女社長」「女子高校生」といった，受け手に対して何らかのイメージを与えることを意図した言葉がしばしば用いられています。

こうしたイメージ操作は，凶悪事件の場合にはより強烈なかたちで犯人に対して向けられることになります。1966年，静岡県で一家4人が殺害され放火された袴田事件で，被告人とされた袴田巖氏は日本フェザー級6位まで行ったプロボクサーでしたが，「ボクサー崩れ」という個人の属性に関する情報がいかにも素行の良くない人物であることを印象づける働きをしたことが指摘されています。袴田氏は一家4人殺害の罪で起訴され，1968年9月に死刑判決を受け，控訴審と上告審でもそれが維持されました。関わった裁判官たちがそうした報道からまったく影響を受けなかったといえるでしょうか。[10]

2番目のカテゴリーとして，証拠や証人に関する偏った報道が挙げられます。たとえば，1990年に栃木県足利市で起きた幼女殺害事件（足利事件）についてDNA型鑑定によって自白を迫られ，その結果無期懲役とされた元被告人S氏のケースをみてみましょう。

---

10) 袴田氏の一審判決に関わった裁判官の姿を描いた，山平重樹『裁かれるのは我なり——袴田事件主任裁判官三十九年目の真実』（2010，双葉社）を参照。

当時はまだDNA型鑑定という技術はほとんどの人は知らない最新の科学技術でしたが，それが一致するのは「100万分の1の確率」であるとして誤ったイメージが振りまかれました[11]。実際にはその確率は公判が進むにつれてずっと低いものであることが明らかになるのですが，いったんばらまかれたイメージは裁判官たちに，S氏の無実の訴えから目をそらせる働きをさせたものといえないでしょうか。弁護人であった佐藤博史は「DNA鑑定の魔力に負け，正しい自白の吟味ができなくなっていた」と指摘しています[12]。

3番目のカテゴリーは，受け手の処罰感情をかき立てるような偏向報道です。被害者や被害者が亡くなっている場合の遺族の心情は犯人に対して激烈ですから，そうした被害に焦点を合わせた報道がなされることは珍しいものではありません。しかし，被害者を描写する場合に多くのステレオタイプ的な表現が使われていることに気づきませんか。犯罪はたしかに加害者と被害者という対立した構図をもっていますが，あらゆる犯罪で被害者がイノセントであるとは限りません。ことさらに読む者の哀れみの感情を誘う言葉や被害者像を固定化させる表現が多用されています。とくにそれは女性を描く場合に強くなる傾向があります。

例2：

A「被害者であるRを失った夫のTは愛妻を突然奪われた怒りを隠せない」

B「被害者であるRを失った夫のTは愛する配偶者を突然失っ

---

11) S氏が任意同行された2日後の朝日新聞には，「スゴ腕DNA鑑定 100万人から1人絞り込む能力」（1991年12月3日付）という記事が掲載されました。

12) S氏の自白には弁護側の指摘する多数の疑問点があったにもかかわらず，一審・二審の裁判官たちはそれを見逃していたとする，菅家利和・佐藤博史『訊問の罠——足利事件の真実』（2009，角川書店）を参照。

た怒りを隠せない」

　愛妻，良妻，後妻，といった妻（配偶者）を表す表現はたくさんありますが，読者にイメージを与えるためにこうした言葉が用いられます。これが反対であればどうでしょうか。「愛夫」や「良夫」といった日本語はありませんから，明らかに性平等とは言いがたい表現であることがわかるでしょう。このAとBの例を読み比べてみてください。受ける印象も異なってくるのではないでしょうか。

4　小　括

　公判前報道は，自らが陪審員や裁判員に選ばれると知らないまま受け取る情報ですから，市民の側で接触する情報に対して意識的に警戒したり，あらかじめ注意を払って接するといった予防策を講じにくい点が問題でしょう。しかも，自白した，前科があった，素行不良であった，といったさまざまな悪性格情報が，無制約なかたちで飛び込んできます。社会の耳目を集める事件の場合には，たとえ公判廷では法的に規制されてしまうような情報でも，また，プライバシー侵害を理由に訴訟になりかねない情報でも，メディアは事件後一気に大量にまきちらします。

　陪審制度を採る国では裁判所が時に厳しい報道統制を行うことがありますが，裁判員時代の日本でも今後そうした対応が検討される必要があるかもしれません。模擬記事を使った心理実験によって報道の影響の存在を確認した若林宏輔は，「直接・間接的報道規制について日本でも検討する必要がある」と指摘しています。[13]

---

13)　若林宏輔（2016）．『法心理学への応用社会心理学アプローチ』ナカニシヤ出版

3 予断情報の影響

1993年，カリフォルニアで殺害された S. ワイアー氏（当時19歳女性）の遺族が，犯人が起訴された公判において20分あまりに及ぶ「生前動画」を上映しました。Enya の音楽を BGM にしたそのフィルムにはワイアー氏の，小さい頃から成長するまでの日々がドキュメンタリーのように盛り込まれていたのです。被害者遺族が**量刑**場面で犠牲者を失った悲しみを訴えることは，「被害者にもたらされた事件の衝撃に関する証言（victim impact statement）」といって広く行われていました。けれどもこの事件で被告人は，長時間にわたる映像の上映によって適正な裁判を受ける権利が侵害されたとして最高裁判所まで争ったのでした。[14]

こうした被害者の生前の映像が法廷で再生されることは，有罪・無罪の判断や量刑の決定に不当な影響を与えないでしょうか。事件と直接関係のない情報を情緒的に提供することがどこまで許されるのか，明確な線引きはできるでしょうか。こうした問題について，具体的な情報の種類ごとに詳しくみてみましょう。

1 前科情報

被告人に**前科**があった場合，起訴された被告人を前にして予断なく判断ができるでしょうか。日本の裁判所はこれを否定的に考えて

---

14) また，若林宏輔・渕野貴生・サトウタツヤ「公判前の事件報道に対して理論的根拠を含む裁判官説示が与える影響」（2014，『法と心理』14巻1号，87-97）も参照。最高裁判所は結論的にはその訴えを退けています。YouTube でこのビデオをみることができます。

　https://www.youtube.com/watch?v=1IYRID_vAOg
　https://www.youtube.com/watch?v=6OjXnz1WVPY

います。たとえば2012年9月7日の最高裁判所判決では，犯人性が争われているケースで犯人であることを立証するために前科情報を証拠として許容することは原則として許されないとしています。その理由は，（犯人であるかどうかが争われている事案では）前科には被告人が犯人であることを推認させるチカラが強いからと説明されました。法律学では，前科証拠は「被告人の人格」を低下させて誤った事実認定に導く危険性が高いと考えられているのです。こうした考え方は事実認定者に対する心理的影響を法の世界が承認し，ルールとして取り入れた典型例です。

　そういった危険性は観念的なものではなく，実際に起きた誤判事例に基づく経験的研究を通して，かつて陪審の前で前科情報が開示されたことで誤判が生じた事実が明らかにされています。そのため，弁護士の高野隆は，前科情報の危険性について証拠法の大家 J. H. ウィグモアによる「裁判官であれ陪審であれ，裁判機関は，その自然かつ不可避的な傾向として，呈示された悪辣な犯罪の記録を過大に評価して，それが現在の起訴事実を証明する効果を必要以上に強く認めてしまうか，あるいは現在の起訴事実について有罪かどうかにかかわらず処罰することを正当化する証拠として受け取ってしまう」との警句を紹介した後に，次のように法的規制が必要であると述べています。

　　「ウィグモアが指摘したように，市民であれ裁判官であれ，人間は被告人の前科の証拠価値を過大に評価し，悪辣な犯罪の記録に惑わされがちです。ですから，その危険を知っている裁判官は，このような証拠を厳格に規制しなければならないのです」。

15）　最高裁判所刑事判例集 66 巻 9 号 907 頁。

16）　ブログ記事（http://blog.livedoor.jp/plltakano/archives/65759839.html）

2 感情をかきたてる証拠

　裁判員裁判の始まりとともに，裁判員を市民が務めるときの問題の１つとして，事件の凄惨な場面を記録したさまざまな衝撃的な証拠の取扱いがクローズアップされています。もちろん，従前の裁判でもそうした証拠は用いられていたのですが，職業裁判官が取り扱っていた時代にはあまり問題視されませんでした。ところが，衝撃的な証拠写真に接した裁判員がPTSD（心的外傷後ストレス障害）になったとして裁判所を相手取って訴訟を起こしたことから日本でもにわかに注目されるようになりました。[17)]

　裁判員の受けた精神的ショックの問題だけでなく，衝撃の強い証拠の存在は加害者とされている被告人に対する偏見を助長する恐れも指摘されてきています。そうした側面に着目した呼び名が**感情をかきたてる証拠**です。英米では，陪審員に対して遺体や犯行現場のショッキングな映像（情報）を示すことで，公正な判断を歪めて予断を与える可能性があることが実証研究の結果わかってきました。

　松尾加代は，そうした心理学分野における海外研究の成果をまとめて，「グロテスクな写真は陪審員の不快感情を喚起し，判断に影響を及ぼす（有罪認定となりやすい）ことが示されて」おり，「喚起された感情は判断を下すための情報の一部として働き，判断を誤った方向に導くとの見方ができる」ことを伝えています。[18)]同様の調査を行った綿村英一郎も，心理的インパクトの強い証拠が「裁判の公平性を損なう危険性がある」こと，刑罰の判定も重くなる可能性があることを指摘しています。[19)]

---

17)　毎日新聞「元裁判員ストレス障害：週明けにも国賠提訴　裁判員制度問う」（2013年5月3日付）。

18)　松尾加代（2011）.「海外での心理学研究の紹介　感情を喚起する証拠提示が陪審員の判断に及ぼす影響——グロテスクな写真と被害影響陳述」『法と心理』10（1），148–152.

3 被害者感情

2007 年に改正され，2008 年 12 月に施行された刑事訴訟法によっ
て，これまで証人として意見を述べるにとどまっていた犯罪被害者
が，訴訟の参加者として手続きに加わる「被害者参加人」制度が始
まりました。それまで間接的にしか参加することができなかった犯
罪被害者（被害者本人や被害者遺族）が，証人に質問を行ったり，刑
について意見を述べたりすることができるようになったのです。[20]

被害者や遺族が犯人とされている被告人に強い悪感情や処罰感情
を抱いていることは容易に想像できますが，そうした感情（被害者
感情）の表出が裁判官や裁判員に影響を与えるとは考えられないで
しょうか？ 先に紹介されたワイアー氏の生前動画のように，公判
廷で被害者（遺族）による陳述や意見が強く判断者に影響を及ぼす
場合には，被告人の公正な裁判を受ける権利とのバランスが問題と
なります。

仲真紀子は，海外における研究から被害者情報が影響を与えると
した実証研究を紹介し，「裁判員は有罪無罪の判断においても被害
者情報の影響を受けてしまうのではないか」と懸念を表明していま
す。[21] その例として，J. ルギンバウルたちの研究では，死刑か無期刑
が争われる事案で，被害者遺族の陳述があった場合と，なかった場
合を比較し，陳述なしでは死刑判断は 29 パーセントであったのに
陳述ありの場合では 74 パーセントと大きな差を示したと報告され
ています。[22] また，E. グリーンたちの研究では，殺人被害者の特性

---

19) 綿村英一郎（2011）.「心理的インパクトの強い証拠が素人の法的判断に与え
　　る影響」『法と心理』10 (1)，47-54.
20) 刑事訴訟法 316 条の 33～316 条の 39 参照。
21) 仲真紀子（2009）.「裁判への被害者参加」岡田悦典・藤田政博・仲真紀子編
　　『裁判員制度と法心理学』ぎょうせい
22) Luginburg, J. & Burkhead, M. (1995). Victim impact evidence in a capital

が述べられた死刑事件で大きな影響が確認されていると紹介されました[23]。

他方で，被害者の裁判での陳述が被害者の満足感を高め，手続的公正さを促進する効果があるという研究もなされています[24]。反対に，意見が汲み取られなかったり無視されてしまったりした場合には失望やショックも大きいかもしれません。佐伯昌彦は，被害者の回復に被害者参加人制度が一定の効果を期待できるかどうかは明らかでないとしながら，参加者に不満や失望が残らないような対策の必要を指摘しています[25]。

4 小 括

これまで多くの心理学研究は，被害者による法廷での陳述が被告人の量刑を重くする方向に働くことを明らかに示しています。日本の裁判員裁判における被害者（遺族）による公判での意見陳述に関する研究を行った佐伯は，直接的な影響はみられないとしながらも，被害者要素の裁判過程への影響を低減する必要性を指摘しています[26]。

被害者遺族の苦痛や悲しみを刑事裁判が受け止めるべきことは当然ですが，感情を強く揺さぶる情報が裁判の公正さや公平性を疑わせる結果となってはならないでしょう。感情と法との関係を深く追

trial: Encourage votes for death. *American Journal of Criminal Justice*, 20, 1-16.
23) Green, E., Koehring, H. & Quiat, M. (1998). Victim impact evidence in capital case: Does the victims character matter? *Journal of Applied Social Psychology*, 28, 145-156.
24) 白岩祐子・小林麻衣子・唐沢かおり（2016）.「『知ること』に対する遺族の要望と充足——被害者参加制度は機能しているか」『社会心理学研究』32（1），41-51.
25) 佐伯昌彦（2011）.「犯罪被害者の刑事裁判への参加と手続的公正の社会心理学——英米法圏での実証研究をふまえて」『法と心理』11（1），73-82.
26) 佐伯昌彦（2016）.『犯罪被害者の司法参加と量刑』東京大学出版会

究した M. ヌスバウムは，感情には良い感情と悪い感情の 2 面があり，嫉妬であるとか他者の没落を願う感情，嫌悪や恥辱感といった感情について，これらを民主主義的でないとして悪い，不適格な感情であると位置づけて，法の世界に取り込む必要はないとしました。反対に，平等を侵害するような事態への怒りや他者への共感といった感情を法の基盤とするよう勧めました。[27]

　理性の世界である法の世界をむやみに感情でかき乱すことなく，被害者の悲しみに寄り添えるような司法制度のあり方を心理学の立場から支援できるようになりたいものです。[28]

▌ **4　映像バイアスの影響**

　第 43 回江戸川乱歩賞を受賞し映画化もされた，野沢尚による『破線のマリス』という作品では，テレビ局勤務の映像編集者である主人公が加工したニュース映像によって大きな社会的影響が生まれていく様が見事に描かれています。取調べを記録した映像は編集・加工されないよう技術的対応がされていますが，取調べの過程がすべて記録されているわけではない場合，たとえば自白した部分だけが法廷で再生されることになると，編集された場合と同じような問題が生じるでしょう。ところが，たとえ取調べ過程がすべて記録されていたとしても，映像情報が観る者の判断に影響を与えるということが心理学の研究で明らかになってきたのです。

---

27)　ヌスバウム，M.（河野哲也監訳）(2010).『感情と法——現代アメリカ社会の政治的リベラリズム』慶應義塾大学出版会

28)　そうした視点で編まれた，指宿信（責任編集）『犯罪被害者と刑事司法』［シリーズ刑事司法を考える第 4 巻］(2017, 岩波書店）参照。

本節では，録画映像が観る者にどのような影響を与えるかという研究を紹介し，一見して客観的な映像情報であっても，撮影のアングルによって観る者の判断が変化する現象を心理学的に考察します。

1 取調べの録画

第4章で紹介したように，2016年5月，裁判員裁判対象事件と検察が独自に捜査する事件の被疑者取調べに関して，警察と検察においてすべてこれを録音録画（可視化）するという制度が決まりました。[29]2019年6月からこの制度が義務化されています。えん罪被害者の人たちも，裁判員裁判対象事件にとどまらず広く取調べを映像で記録することを強く訴えてきたことから，こうした制度を法的に義務づけること自体は大変良いことだと考えられています。[30]

2 映像バイアス

もっとも，客観的で中立的な仕組みとして取調室での様子を透明化させる仕組みである録画制度も，その映像がどのように利用されるのか，あるいはどのように映像が観る者に影響を与えるのか，という点では十分な議論が重ねられていないのです。一般的には，ある事件で被疑者の自白があった場合，その自白が強制されたものではなく本人の自発的な供述だったかどうか（これを法律用語では**任意性**と呼びます）を判断する材料として録音録画された記録が活用さ

---

29) 新しい制度については，たとえば，日本弁護士連合会「取調べの可視化で変えよう，刑事司法！」（https://www.nichibenren.or.jp/library/ja/special_theme/data/pam_10.pdf）を参照。

30) 取調べ録画の導入については，たとえば，小坂井久『取調べ可視化論の現在』（2009，現代人文社），小坂井久『取調べ可視化論の展開』（2013，現代人文社），指宿信『被疑者取調べ録画制度の最前線』（2016，法律文化社），指宿信編『取調べの可視化へ！』（2011，日本評論社）など参照。

れることが期待されています。

けれども，映像データは観る者に無意識のうちに映像制作者の意図した方向へと感情が誘導されることが知られています。たとえば，撮影するカメラのアングルやズームアップといった撮影技法はもちろん，カット，スロー再生などの編集加工技法が加わり，価値的には中立で客観的なはずの映像データでも偏ったイメージを植えつけることが可能であることがわかってきています。認識しえないほどの短時間に映像を差しはさむ「サブリミナル効果」などの使用は自主規制されていますが，そうした規制のない手法で撮られた映像に市民が繰り返しテレビなどで接することによって予断が生まれる危険性は容易には回避できないと考えられています。

3 ラシターたちの研究

2006 年，*Law & Policy* 誌に掲載された，オハイオ大学 D. ラシターたちの論考「ビデオ録画された自白——万能薬か，それともパンドラの箱か[31]」は，取調べを映像記録化することで虚偽自白を予防できると信じてきた改革派たちを驚かせました。ラシターたちは，映像に関する**錯覚原因**と呼ばれる心理的効果と同じメカニズムによって，取調べビデオ映像におけるカメラのアングルの違いによって判断の差異が生じることを明らかにしたのです[32]。

映像の錯覚原因とは，人は同一の会話映像を観たとしてもその角度によって異なった印象を抱くという現象を指します。つまり，2人の話者がいてこれを映像で記録するとき，①話者 A に向かって

---

31) Lassiters G. D., Ratcliff, J. J., Ware, L. J. & Irvin, C. R. (2006). Videotaped confessions: Panacea or Pandora's box? *Law and Policy*, 28, 192–210.

32) ラシター，D.（大江洋平訳).「取調べの可視化における『映像のあり方』」，前掲 30）の指宿編（2011）参照。

話者Bの背後から撮影する方式，②反対の方式，③AとBを横から等しく撮影する方式で撮影した場合，無意識で人は①を視聴した場合にはAが会話の主導権を，②を視聴した場合はBが会話の主導権をもっていると判断しがちであるということがわかっています。

この現象が，被疑者取調べのビデオ映像についても生じるというのがラシターたちの実証研究で明らかになってきたのです。彼らは被疑者の自白が記録された模擬取調べを3つのアングルで撮影し，3つのグループに分かれた被験者たちにそれぞれのデータをみせ，自白の任意性判断を行わせたところ，被疑者に焦点を合わせた映像をみた集団が任意性を最も高い割合で承認することを発見したのです。その後，彼らはさまざまな実験条件や被験者の属性に変化を加え，リアリティを増強し，学生を被験者とするだけでなく裁判官や法執行官らをも対象として実験を続けましたが，この傾向に変化はありませんでした。

そうした知見から，ラシターは，被疑者映像が被疑者に関する誤ったイメージを植えつける可能性を示唆し，取調官と被疑者を平等に撮影する方式が現実の取調室でも望ましいと主張しました。実際，ニュージーランドの警察はラシターたちの研究を踏まえて真横から撮影する方法を採用しています[33]。また，オーストラリアのある裁判所は，法廷で検察側から取調べ録画記録の再生を求められた際，音声のみの再生を許しました。映像が観る者（陪審員）に不当な影響を与える可能性を憂慮したためとみられています。オーストラリアの警察で収録された取調べビデオを収集し分析したD. ディクソンも，「裁判官は（検察官も，陪審も，警察官も同様に）正確に虚偽自白を見抜くことはできず，高度に訓練された心理学者にしかできな

33）　ニュージーランドの取調べと録画制度については，前掲30）の指宿（2016）
　　第8章参照。

いということは（これまでの）研究結果が明確に示している」として過度に映像記録に依存することに警鐘を鳴らしました[34]。こうした危険性が現実のものとなったケースも日本で現れていますので，刑事裁判において取調べの映像を安易に利用することは避ける必要があるでしょう[36]。

4 小 括

取調室は外界から隔絶した空間ですが，日本では弁護士の立会いが認められていませんからきわめて孤立した状態に被疑者が置かれています。それだけでなく，留置所や拘置所に起訴までのあいだ23日間拘束され，電話やネットも使うことはできません。痴漢に間違えられた経験をまとめた憲法学者の飯島滋明は，取調べ時から

---

34) ディクソンの研究については，前掲30）の指宿（2016）第10章参照。

35) 2005年に栃木県今市市（当時）で起きた幼女殺害事件，いわゆる今市事件の裁判員裁判では，7時間以上にわたって被告人が検察で取調べを受けた映像が再生され，裁判員が公判後にこの映像が判断の手掛かりとなったと記者会見で告白しています。公判を傍聴した研究者の報告として，平山真理「ロー・ジャーナル 今市事件裁判員裁判は試金石となり得たか——傍聴記をもとにいくつかの刑事手続上の重要な課題を論じる」（2016，『法学セミナー』739，1-5）参照。判決については，宇都宮地方裁判所2016年4月8日判決・『判例時報』2313号126頁参照。控訴審判決は地裁での映像再生を批判して，「判断者の主観により左右される，印象に基づく直感的な判断となる可能性が否定でき」ないと言及しました。東京高等裁判所2018年8月3日判決・裁判所ウェブサイト参照。

36) このように，映像を事実認定の判断の基礎にすることの問題を，法律学では「実質証拠化問題」と呼んでいます。2018年8月10日，今市事件の控訴審判決において東京高等裁判所は，「記録媒体の視聴によって，被告人の供述内容を認識し，同時に，その際の被告人の供述態度等から供述の信用性を判断することになり，現実の心証形成は，記録媒体の視聴により直接的に行われ」てしまうと述べて，取調べ映像が裁判員や裁判官に影響を与える可能性を認めています。この問題について詳しくは，安部祥太「裁判員裁判と取調べ録音・録画——『撮ること』の重要性と『見ること』の危険性」（2017，『法学セミナー』750，42-46）参照。

留置所に至るまで身体拘束について「憲法や刑事訴訟法の理念が全く守られていない現状を再確認した」と述べています[37]。

　たしかに，取調べの「可視化」は，そうした現実を映像や音声で記録することにより事後的に不正や違法を追及する装置として重要な働きをすることが期待されてきました。防犯カメラと同じ効果が捜査機関の施設でも期待されるとは皮肉といわざるをえませんが，こうして記録された映像が必ずしも期待された機能を果たすとは限りません。たとえば，被疑者段階で被害者に責任転嫁している場面を使って被告人の悪性格を検察が立証しようとするといった，別の目的で利用されてしまう危険も予想しておくべきでしょう。

　取調べの映像記録をめぐる問題は法的にも心理学的にもまだまだ検討の余地があるといわなければなりません。

▎5　対応策の検討

　公判前報道と裁判の公正さを研究した渕野貴生は，こうした海外の実証研究を踏まえると，法律学の見地から被告人の適正な手続きを受ける権利が害されないよう法的対応が取られるべきだと訴えています[38]。報道の自由が最大限尊重されるべきことを認めつつ，被告人の適正な手続を受ける権利は絶対的保障であることから，例外的に報道に対する制約が許されるという主張を行い，裁判員裁判制度のスタートに当たってマスコミ関係者から関心を集めました。

　本節では，出版・報道の自由論とのバランス，公判中心主義や公正な裁判を受ける権利との折り合いといったさまざまな検討が必要

37)　飯島滋明（2012）.『痴漢えん罪にまきこまれた憲法学者』高文研
38)　前掲 9) の渕野（2007）参照。

であることを踏まえながら，「法と心理学」の観点からさまざまな情報によって引き起こされる判断者の予断や偏見を最小化する方策について紹介していきます。とくに，裁判過程における情報の取扱いという観点からみていきましょう。

1 情報の入り口規制

　まず，情報の入り口段階から規制する方法をみてみましょう。犯罪報道については表現や出版の自由といった憲法上保護される対抗価値が存在するため簡単ではありませんが，報道に対する事前規制が考えられます。また，報道自体を規制できない場合でも表現方法を規制することは海外でも取り組まれています。第2節に出てきた性別表現の偏向を改善する試みです。カナダ放送協会では，ある集団の成員がすべて男性，あるいはすべて女性だと仮定しないよう（医師＝男性など），職業を表すことばの前に性別を付けない（女教師など），「マン」という表現ではなく中立的表現に替える（chairmanではなく chairperson など）といった指針が採用されています。ニューヨーク・タイムズ紙では「女性」と特定する必要がない場合は避ける（女子学生など），女性の容貌を表示しない（ブルネット美人など）といった具体的指針をもっています。

2 情報処理過程の規制

　第2の方策は，人の情報処理のプロセスに着目して規制しようというものです。たとえば，偏向情報の影響を受けやすい人，あるいは既に受けていると思われる人を判断者から外すという手法が考えられます。陪審裁判では選定手続きの際にさまざまな質問を候補者にぶつけて予断や偏見の可能性を探ることが行われます。そうした可能性が高いと思われる場合，候補者をリストから排除する「無条

件忌避」という権利が当事者に認められています。公判前報道が余りに激しい場合には，裁判地を変えるといった選択もあります。そうすれば候補者の母集団が偏向報道に汚染されている度合いが低くなるからです。日本の法律でも裁判地の変更を認める規定がありますが，これまで過熱報道が理由となって管轄移転が認められたケースはないようです。[39)]

また，予断情報のような証拠については公判廷での使用を認めず証拠採用しないという対応が考えられます。先に述べた前科情報のような「悪性格証拠」の法廷での利用を禁止するルールがこれに当たります。

アメリカの著名な法と心理学者である M. J. サックスと B. A. スペルマンは，このルールについて心理学の立場から検討を加えた際に，こう述べていました。「法律家らは，人が法律で性格と呼ばれている一定の精神的特性を有していて，性格が行為について因果的な影響を有していると結論づけて」おり，「陪審員がそうした性格証拠を過大評価してしまうことを回避するために，これらの証拠を排除すべきだと結論づけている」。[40)]

そうした情報そのものを判断過程に入れないやり方と並んで，情報の一部を切り取って判断に提供するという方法もあります。予断を発生させる可能性のある部分を利用させないというやり方です。

たとえば，オーストラリアのある裁判所では取調べの映像を再生せずに音声だけを法廷で流すといった対処をしていますし，日本の裁判所でも，衝撃の強い証拠の再生にあたっては白黒の映像に編

---

39) 刑事訴訟法 17 条 2 項
40) Saks, M. J. & Spellman, B. A.（2016）. *The psychological foundations of evidence law*, New York University Press.
　同書の紹介としては，藤田政博「証拠法の心理学的基礎」（2017，『アメリカ法』2017-Ⅱ，274-280.）参照。

集・加工したり，CG で代用するといった方法が取られる場合があ
ります[41]。

3 情報再生過程の規制

　3つ目として，情報再生過程で行う規制が考えられます。陪審裁
判を行っている国では，裁判官による陪審員に与えられるさまざま
な説示（証拠の見方等に関する一種の警告のこと）が重視されています。
しかしながら，映像バイアスを説いたラシターたちは，たとえ裁判
官の説示が適切に与えられても，観る者の予断を消し去ることは困
難であるという実験結果を報告しています。公判前報道の与える影
響を総括したフレロも同じく実証研究を踏まえて同種の示唆を導き
出しています。

　判断者が予断情報等に影響を受けないよう促す別の方法として，
判断者の説明責任に訴えるというやり方があります。「あなたの判
断について事後的に専門家による面接がある」といった警告を与え
ることで感情的な判断を抑制する効果を期待しようというものです。
この効果についてはまだ心理学の分野でも十分な研究が重ねられて
いません。職業裁判官が裁判の結論と理由を文書にする判決文の執
筆は，法的合理性を説明する責任だけでなく，倫理的，道義的な姿
勢を促す作用があると考えられていますから，同種の効果をまった
く否定することもできないでしょう。ただし，日本では裁判員裁判
でも裁判員は判決書には関与せず，もっぱら裁判官が代表して意見
を書くことになっていますので，現実的にはそうした抑制効果が働
く契機は乏しいでしょう。

---

41)　たとえば，毎日新聞「〈最高裁〉『裁判員の心に配慮を』通知　写真は白黒に」
　（2013 年 5 月 20 日付記事）や河北新報「東北の 4・5 月裁判員裁判　証拠写真，
　白黒で画像化」（2013 年 6 月 18 日付記事）参照。

4 小 括

　以上の対応策をみてくると，人の判断プロセスに歪んだ情報が与える影響を回避することは想像以上に難しいということがわかると思います。一番簡単で効果的な手法は，偏った情報，過剰な情報に接する機会を与えない入り口規制型です。しかしながら，私たちが犯罪報道に接しないで過ごすことは難しく，ネット社会では簡単に情報を入手できてしまいます。

　心理学的な知見を参考にしながら，法的な制度づくりをどのように工夫するのか，法律学の側に投げかけられた課題はたいへん重いといえます。

6 偏見から逃れるために
——情報的正義を目指して

　さて，冒頭のコンビニエンスストア強盗の事例（事例5-1）に戻りましょう。この事件は実際にあったケースを脚色したものですが，店の自動ドアから指紋が発見されたことやミュージシャンであることは事実です。この男性は当初から一貫して犯行を否認，アリバイも主張していたのですが，検察は指紋の存在を理由に男性を起訴してしまいます。男性は被害にあったコンビニエンスストアの近所に住んでいて，犯行があったとされる数日前に音楽仲間と店を訪れていました。入店の際に男性は両手をガラス製の自動ドアにつけている場面がはっきりとカメラ映像として残っています。けれども，その映像は，起訴された後に家族が長時間の防犯ビデオをすべて見直してようやく発見することができたものです。裁判中も男性は保釈が認められず身体拘束が続いていましたが，逮捕から2年近く経っ

てようやく無罪判決となり社会に戻ることができたのです。[42]

　皆さんはこのような結果を，事例を読んだときには想像できたでしょうか。報道の文章からどのような印象をもっていたでしょうか。もしも皆さんがこの事件で裁判員になっていたら，法廷に臨む前にどんな心証を抱いていたでしょうか（実際には窃盗事件は裁判員裁判の対象外です）。

　現実の裁判員裁判では，裁判官から裁判員を務める市民の方々に「無罪推定の原則（有罪と証明されるまでは被告人は無罪と考えられなければならない）」というルールが説明されることでしょう。これは洋の東西を問わず，法治国家であればどの国でも有している刑事裁判の重要な決まりごとです。法律実務ではこうした「警告」が裁判過程で重要な役割を果たす（つまり一定の効果がある）として，どの国であっても法律上こうした注意ごとを事実認定に関わる市民（陪審員など）に伝えておくことは大切な決まりごとになっています。

　法律学は規範の学問ですから，人間は注意や警告を与えれば理性的に行動したり判断したりすることができる，という前提に立っています。これに対して，心理学は実証主義に立っていますので，注意や警告が有効かどうかという仮説を検証してみて，それが確かめられない限りその効果が認められることはないという見方をします。

　法律学と心理学では同じテーマについてまったく異なるアプローチを採っているといえるでしょう。しかし，どちらの学問手法も，適切な情報が適切なかたちで適切な判断者に提供されないと正しい判断は導き出すことはできないと捉えているはずです。

42）男性の無罪を報じた，産経新聞「コンビニ盗，男性に無罪判決」（web 版 2014 年 7 月 8 日付 https://www.sankei.com/west/news/140708/wst1407080017-n1.html）等を参照。NHK の「逆・転・人・生」という番組でも男性の物語が取り上げられ大きな反響がありました。「えん罪——奇跡の逆転無罪判決」（https://www.nhk.or.jp/docudocu/program/92907/2907086/index.html）。

筆者は，そうした情報のインプットから処理，そしてアウトプットまでの過程が適切に取り扱われることで初めて正しい判断に至ることができるという思考を**情報的正義**（informational justice）と呼んでいます。この観念はまだ社会的に普及していませんので，どうしてこうした観念が必要なのか説明しましょう。

　「法と心理学」は，規範を遵守させるための仕組みづくりを実証的に確認する手段や方法を，法の実務や現場に提供します。その際に，筆者は公正な判断を導くための指針となる哲学が必要だと考えています。すなわち，十分な量の情報が提供されない不正義（いわゆる情報公開問題です），正しい情報ではない誤った情報を基に判断させている不正義（食品偽装問題などです），過剰な量の，不適切な情報が提供されて判断を歪める不正義（本章で取り扱った情報は大体ここに入ります），必要な情報を適切なタイミングで提供しないことで生まれる不正義（たとえば袴田事件の袴田氏には元の裁判で無罪方向の証拠が開示されていませんでした）など，判断者にもたらされる情報をめぐって多くの不正義が存在していることがわかります。そうした不正義を否定する観念を情報的正義と呼びます。[43]

　情報に対する量的・質的な統制を適切な方法で行って，適正な判断過程と妥当な判断をもたらすように導く思想を私たちは必要とします。そうした思想に立ったときにはじめて，司法過程における判断者に偏見を生み出さないよう，どのような情報をどれだけ，どのような方法で提供するかを検討する指針をもつことができるのです。

---

43)　その具体的な検討については，指宿信・若林宏輔・藤田政博・堀田秀吾・サトウタツヤ・渡辺千原「『情報的正義』と心理学——刑事司法過程における公正な判断」（2012，『法と心理』12，78）や，前掲13）の若林（2016）を参照。

ブックガイド

堀田秀吾（2009）．『裁判とことばのチカラ——ことばでめぐる裁判員裁判』ひつじ書房

　　言葉の与える影響力について法言語学の立場から説明する，一般向けの概説書。目撃証言や裁判員裁判での模擬評議などを素材に，裁判や司法の現場で見落とされてきた言葉のもつ意外な影響力を解説する。

指宿信（2016）．『被疑者取調べ録画制度の最前線——可視化をめぐる法と諸科学』法律文化社

　　日本において取調べが原因で誤判が生じていることや虚偽の自白が誘発される仕組みを解説し，オーストラリア，アメリカ，カナダ，ニュージーランド，イギリスなどの国々の取調べの録音録画制度の歴史と実態，撮影アングルがもたらす心理的バイアスに関する研究の紹介などを含む，総合的な研究書。

牧野茂・小池振一郎編（2018）．『取調べのビデオ録画——その撮り方と証拠化』成文堂

　　取調べ映像が裁判体験に与える影響を考えるシンポジウムの記録。いわゆる今市事件裁判で7時間強の映像が法廷で再生され，有罪判決が言い渡された裁判をきっかけとしたイベント。映画監督，法学者，弁護士，元裁判官などが取調べ映像が刑事裁判の法廷で利用されることの危険性について多角的に論じる。

伊東裕司（2019）．『裁判員の判断と心理——心理学実験から迫る』慶應義塾大学出版会

　　実験心理学の実証データを用いて，感情が裁判員の有罪・無罪の判断に及ぼす影響や，事実の認定や量刑の判断に被害者遺族の意見陳述が及ぼす影響などについてわかりやすく解説する。

第6章 記 憶
犯人識別供述

キーワード　目撃証言，犯人識別供述，記憶，事後情報効果，誤判，
信用性，犯人識別，同一性識別，（写真）面割り，面通し，複数面通し，
ラインナップ，凶器注目効果，伝聞情報，同調，二重盲検法

● **学習内容**

　犯罪捜査や刑事裁判で大きな役割を果たす犯人識別供述（目撃証言）について，法学の側から心理学の果たす大きな役割が期待されていることを踏まえて，記憶に基づく供述証拠がさまざまな外的・内的要因に影響を受けやすいか，また，他人の見解に左右されやすいかを知り，供述証拠に依存した裁判がいかに危険かについて学びます。

1 刑事裁判と目撃証言

1 目撃証言の危うさ

事例6-1 「会ったこともない」犯人　1984年のある夏の夜，ノースカロライナ州バーリントンという町でレイプ事件が起きました。女子学生が黒人に自宅で襲われたものの，隙をみて逃げ出し近隣宅に助けを求めたといいます。事件から10日後に警察署で被害者であるJ.トンプソン-カニーノ氏が，並んだ8人の黒人男性のなかからR.コットン氏を犯人であると識別しました。コットン氏は一貫して無実を訴えていましたが，被害者の証言が決定的な証拠となり有罪とされ，終身刑を言い渡されてしまいました。

　それから11年後，別人（黒人）がDNA型鑑定によって真犯人

であることが判明し，完全なえん罪であることがわかりました。コットン氏を犯人だと識別したトンプソン-カニーノ氏は，真犯人の写真をみたとき「これまで会ったこともない」と感じたといいます。けれども被害にあった際にトンプソン-カニーノ氏は，犯人の顔について「感づかれないように，私は彼の細部を記憶しようと目を向け」「顔の特徴を特定できるように詳しく眺めた」といいます。[1]

　どうして注意深く観察したはずの犯人の顔を被害者が見間違えるなどということがあるのでしょうか。

　目撃証人が，法廷にいる被告人を指して確信をもってこの事件の犯人だと述べているときに，陪審員や裁判員の席に着いた市民は，「この人の目撃証言はもしかしたら誤っているかもしれない」などと警戒することができるでしょうか。

　この章では，犯罪捜査や刑事裁判において決定的な役割を果たす犯人の**目撃証言**，すなわち**犯人識別供述**について，法学と心理学の双方の側から光を当てます。人間の識別能力はいろいろな条件や環境によって左右されることが知られていますが，その一方で，「この人が犯人です」とか「この人を現場でみました」といった目撃証言は捜査や裁判に大きなインパクトを与えるものです。とりわけ，被害者の供述が与える影響は決定的となるでしょう。捜査官は大いに発憤して犯人と名指しされた被疑者から自白を引き出そうと躍起になるでしょうし，裁判官や裁判員にとっては被告人を有罪にする

---

1)　トンプソン-カニーノ，J.・コットン，R.・トーニオ，E.（指宿信・岩川直子訳）『とらわれた二人――無実の囚人と誤った目撃証人の物語』（2013，岩波書店）参照。目撃証言の過ちを含めた，刑事裁判における過誤の恐ろしさと改革の必要性に関する示唆的な書です。コットン氏の釈放後に，被害者であるトンプソン氏と犯人に間違われたコットン氏の間に友情が育まれるという奇跡のような物語が生まれます。この物語は，フジテレビ「奇跡体験！　アンビリバボー」で再現ドラマとして放映されました（2016 年 11 月 17 日放送）。

に当たって抱く不安はかなり減ることになるでしょう。それだけ目撃証言は誘惑的で危険な存在なのです。だからこそ，心理学における知見が裁判過程に十分に生かされる必要があるのです。

2 目撃証言と記憶研究

こうした目撃証言に関する経験的研究は，心理学の世界では**記憶**研究のフィールドに位置づけられています。目撃証言はさまざまな要素によって歪められる可能性が，実験によってこれまで確認されてきました。たとえば，目撃時点での凶器注目効果（後述）とかストレス，目撃後の**事後情報効果**（報道や捜査段階での影響），犯人識別のための写真識別プロセスにおける誤導やコミュニケーションの影響，記憶再生時の歪みといったものがその例です。そこで，各国では**誤判**を教訓として目撃証言に関するガイドライン，取扱いマニュアルや評価指標を整備したり，裁判での証言の取扱いについて注意事項を陪審に告げたりするようにしているのです。他方で，日本では目撃証言の取扱いは基本的に捜査機関や裁判官の裁量に委ねられているだけです。残念ながら統一的な採取方法や評価基準が用意されていないのです。

本章では，目撃証言の過ちが誤判原因となった事例を紹介しながら，目撃証言が捜査や裁判で果たす役割を学ぶとともに，心理学，とくに認知心理学の分野において，目撃証言に関わってどのような研究が進められてきたかを振り返ります。そのうえで，心理学研究が捜査や裁判実務にとってきわめて重要な意義を有することを確認し，「法と心理学」という分野の発展の必要性を学んでいきたいと思います。

2 目撃証言が関わった事例

1 ソフォノー事件 (カナダ)

事例 6-2　危うい目撃証言　1981 年にマニトバ州のウィニペグ市で起きた，ドーナッツ店の女性店員殺害事件です。事件発生当初から複数の目撃証言が存在しました。それらの目撃証言を基に作成されたモンタージュ写真から，ソフォノー氏が逮捕されました。しかし，彼はウィニペグではなくバンクーバー在住で，たまたま事件当時は別れた妻と子どもに会うためにウィニペグに来ていただけでした。目撃者の一致した犯人像というのは，カウボーイハットをかぶっていた，背が高く，眼鏡をかけ，ひげを生やしていたというもので，たしかにソフォノー氏の外見と合致していました。

　ソフォノー氏が逮捕された翌年に陪審裁判が開かれましたが評決は不一致となり，2 度目の裁判で有罪となります。ソフォノー氏は上訴し，この有罪判決が破棄されたため，検察官が起こした 3 度目の裁判でまた有罪となりました。ところが，上級審が再びこの有罪判決を破棄し，最高裁判所に対する検察官上告も棄却されます。4 度目の起訴は許されないと最高裁が判示したため，ようやく裁判は終わりました。けれども事件は迷宮入りとなってしまいました。ソフォノー氏にとっても，有罪判決が破棄されただけで法的には無罪の主張が認められたわけではありません。その後も彼は，自分は無実であるということを訴え続けていました。

　ようやく 2000 年に，州の法務総裁はソフォノー氏が無実であると声明を出し，事件の背景や経緯を調べるための調査委員会の設置を明らかにします。翌年，調査委員会は報告書を公刊し，カナダ社会はどうしてこのような誤判事件が起きたのかを知ることになります。[2)]

まず，なぜソフォノー氏が2回目と3回目の裁判で有罪となったのかをみておきましょう。当初からドーケセン氏という男性の目撃証人がいました。彼はドーナツ店から出ていく不審な男をみて追跡し，橋の上から犯人が何かを捨てるのを目撃（後に警察は，川のなかから犯人が捨てたとされる手袋を発見する）します。そして，その後ドーケセン氏は男を捕まえようとして，もみ合ったけれども取り逃がしてしまったというのです。

　目撃したとされる証人ドーケセン氏は，殺人事件があったことを知っていながら，事件後すぐには警察に届けていません。届けてからも，警察での写真面割り（後述）でソフォノー氏を示すことはできなかったにもかかわらず，公判では「間違いない」とソフォノー氏を指し示しています。さらに彼は，2回目，3回目の裁判でも証言台に立つのですが，裁判が進むにつれてその供述が確信度の高いものへと変わっていきます。こうした目撃証言者の態度について，その証言の**信用性**に問題があると調査委員会で指摘されました。

調査委員会による勧告内容　　犯人を目撃したとされる目撃証人に，容疑のかかった被疑者と犯人との同一性を尋ねる手続きを**犯人識別**あるいは**同一性識別**といいます。その際に写真を用いる方法を**写真面割り**といい，被疑者の顔をみせて確認する方法を**面通し**といいます。また，複数人のなかから犯人と思われる者を選ばせることを**複数面通し**といい，英語では**ラインナップ**（line up）といいます。出版された『ソフォノー事件調査委員会報告書』は，カナダの刑事司法制度に関してさまざまな改善のための勧告意見を提示しましたが，とくに目撃証言については，目撃者から供述をどうやって取るべき

---

2)　国内で入手可能な文献として，指宿信「カナダにおける取調べ可視化と目撃証言問題」（2004，『季刊刑事弁護』38号，144-148.）参照。

か，あるいは，面通しの方法や手続きについて具体的で詳細な提案をしています。また，裁判で目撃証言をどのように取り扱うべきかといった提言も行いました。

　まず1点目として，面通しを実施するには，捜査に関与していない第三者的な立場の捜査官が面通しを行わなければならない，と勧告しています。つまり，捜査を行う捜査官が面通しに関わると，どうしても証人には被疑者を指し示してほしいわけですから，目撃証人に問いかける際に何らかの暗示や示唆を行ったり，あるいは，この人を指し示してほしいという気持ちを示したりしないとも限りません。そのような危険性を取り除くためには，当該事件に関与していない捜査官によって面通しをさせる必要があると勧告しています。

　第2点として，複数面通しで並んでいるなかに本当に犯人とされている被疑者がいるかどうかを教えてはいけないと指摘しました。なぜなら，目撃証人は面通しに立ち会うとかなり強いストレスを感じるのが通常だからです。彼（彼女）は，そのなかから犯人を選び出さなければいけないと思ってしまうと，はっきりと目撃していないにもかかわらず面通しに並んでいる誰かを選んでしまう可能性が高くなります。そこで報告書は，目撃者に，「このなかには（自分がみた犯人は）いません」という選択肢があることを明示しておくべきだと提言しています。そうした選択肢があることを目撃証人が知っているなら，わからないときには「私にはわからないです」「このなかにはいないと思います」ということができるようになるからです。

　また，調査委員会は3点目に面通しをしている間の会話をすべて録音録画（記録）するよう勧告しました。不当な示唆や暗示が証人に対して行われていないかを事後的にチェックできるようにするためです。そして4点目として，ラインナップに並ぶ人数を最低10

人は揃えるべきだといいます。十分な候補者のなかから選別するようにしなければ信用性は低いと考えられるからでしょう。

次に，写真をみて識別する写真面割りについても委員会は次の5点を勧告しました。

①最低10人以上の写真を用意すること。
②写真をみせている手続きを録画しておくこと。
③面通しと同じように当該事件に知識のない第三者的な係官が実施すること。
④写真は順を追って1枚1枚提示し一括してみせてはいけないこと。
⑤写真面割りの場合，目撃者に犯人識別証言が誤判原因となる可能性があることを事前に警告しておくこと。

公判段階についての準則としては，第1に，裁判長は陪審員に対して目撃証言には危険性が伴うことと，たとえ確信をもって証言していても証人の確信度と証言の信頼度は比例しないことを説示すべきだと提言しています。第2に，目撃供述が誤判原因として上位に位置づけられている研究結果を示すよう，そして第3に，目撃当初は曖昧だった識別供述が明確な識別になっている場合は，その合理性をきちんと考慮するよう勧告しています。そして最後に，公判段階では目撃証言に関する専門家を証人として呼ぶように促したのです。

小 括　ソフォノー事件の目撃証人ドーケセン氏は，裁判が繰り返されるたびに詳細で確信度の高い目撃証言を行っていました。こうした供述態度について陪審員がきちんと評価・検討しなければなりませんでした。しかも本来は専門家が誤判の危険を予防しなけれ

ばなりません。裁判官はこうしたあやうい目撃証言を漫然と陪審員に聞かせてしまいました。警察も，犯人識別供述の採取について場当たり的で，事後検証できないやり方で済ませていました。検察は，繰り返される公判でドーケセン氏の証言の詳細さをエスカレートさせていたのです。これでは過誤を防ぐことはできないでしょう。

また，弁護側はE.ロフタスというアメリカで目撃証言の世界的権威と呼ばれている研究者を証人として申請したにもかかわらず，裁判官は要請を受け入れませんでした。専門家がいれば識別供述にどんな問題があるかを指摘できるわけですから，専門家の見解を聴くべきであるとの勧告を調査委員会が出したのは当然でしょう。

結局，陪審員が判断を誤ったというよりも，多くの捜査，裁判関係者がプロフェッショナルらしく目撃証言を取り扱っていなかったことに誤判の原因があったことが明らかになったのです。

2 大阪テレクラ事件

事例6-3　変遷する目撃証言　2003年8月，テレホンクラブ[3]で知り合った女性からある男性が顔面を多数殴打されるという事件が起きました。被害者の男性Y氏は事件発生から4カ月後に警察から連絡を受けて，「犯人かもしれない人がいるので来て欲しい」と呼ばれます。そして取調室の隣室からマジックミラー越しに被疑者女性X氏の面通しを行いました（第1回面通し）。その際，X氏が犯人ではないかという供述をします。その2週間後には警察署の廊下を連行されていく被疑者X氏を横からみるという面通しを行いました（第2回面通し）。さらに，X氏が取調室にいるのをドアの隙間から面通しをしました（第3回面通し）。その際，「間違いない」という証言をしたため，X氏は逮捕，起訴されることになります。

---

3)　テレホンクラブとは，電話をかけるとデート相手を探すことができるという非対面・非接触型の出会い系のサービスをいう。

裁判ではまず，Ｙ氏による目撃供述（犯人識別供述）の信用性を見極めるため，次のように３つの観点を提示しました。第１は，観察条件や目撃記憶の保持の状態です。すなわち，犯行があったときにＹ氏の観察がどういう状況でなされたか，事件から４カ月経過してＸ氏を識別したけれども，それまできちんと記憶を保っていたかどうか，といった点を検討するとしました。第２は，Ｙ氏がＸ氏を犯人だと述べた識別手続きが妥当であったかを検討するとしました。警察署で３回にわたってＹ氏はＸ氏だけ単独で面通しを行っていましたが，そうした手続きが犯人識別供述の取得方法として適切かどうかを考察するというのです。第３は，識別供述の確信度を調べるとしました。識別時点においてＹ氏は，実際どの程度の確信に基づいてＸ氏を犯人だと判定したのか，ということです。間違いないレベルなのか，おそらくという程度なのか，もしかしたら違うかも，といったレベルなのか，証言の確信度を斟酌するということです。

犯人識別供述の検討　　１番目の観察条件についてですが，積極的な要因としてはＹ氏がＸ氏と出会ってから被害を受けるまで２〜３時間も行動を共にしていたという経緯が指摘されました。一瞬しか犯行を目撃していない目撃証人や，あるいは暗闇だけでみたといった目撃証言に比すと，一般論ではありますが，その証言には信頼を置くことができるとされています。また，観察対象との距離についても比較的近い距離から犯人をみていることが評価されました。反対に，消極要因としては次のような点が指摘されています。つまり，Ｘ氏とＹ氏には面識がありません。以前から知っていた人物ではないのです。そして，Ｙ氏は裸眼視力が弱く当時眼鏡をかけていなかったこと，相当量飲酒をしていたことも挙げられました。１回

目の面通しでマジックミラー越しに Y 氏がみたのは，事件後 4 カ月を経過していた点もマイナス要因として挙げています。

2 番目の識別手続きについては，消極要因として，8 月 23 日に被害があったすぐ後の捜査機関の聴取がたいへん不十分であった点が指摘されました。驚くべきことに，犯人の特徴について Y 氏が述べた記憶内容を捜査機関はきちんと記録に取っていなかったのです。しかも，ホテルの部屋に犯人がいたことは明らかであるのに，ホテルの部屋で犯人が触ったかもしれないさまざまな物から指紋を取っていないという杜撰な初動捜査をしていました。それに加えて，面通しで警察官が暗示・誘導している点も指摘されています。また，X 氏については「単独」面通ししかしていません。複数の人物のなかから X 氏を選んでいるわけではないのです。最後に，識別時期が後になればなるほど Y 氏が詳細な犯人像を語っている点も疑問視されました。

3 番目の識別の確信度については，Y 氏が 1 回目，2 回目，3 回目そして公判と，回を重ねるごとに確信的な証言をしていることに疑問が投げかけられました。Y 氏は公判で自分の識別について「間違いない」という確信度の強い証言をしていましたが，確信度の高さと識別供述の信用性は区別して判断しなければならないと判決は警告しています。最終的に，観察の正確性自体について相当の疑問があって，目撃供述の時期が後になればなるほど具体的で詳細な特徴を供述している点については，このような特異な事態の推移は警察官の強烈な暗示誘導による影響なくしてはおよそ考えられないとして，非常に厳しい疑問を投げかけたのです。

識別の確信度と信用性との間には有意的関連性がないという問題については，目撃証言研究の世界的権威であるロフタスが次のように述べています。

「不幸にして目撃者の記憶の確信度と目撃者の記憶の正確さの間には，はっきりした関係が認められていない。しかも，確信度自体が非常に誤りやすい創造物なのである。例えば，ほかの証人も同じ識別をしたと伝えられると，証人は自分の識別の確信度を一層高める傾向が認められる[4]」。

　つまり，ほかからの情報があると，目撃者は安心して「あぁ，やっぱり自分の識別は確かだ」と思うわけです。自分の記憶の確かさではなく，他者からの暗示や示唆，情報によって簡単に確信度を高めてしまうのです。そうした証言の「強さ」について創造性があることをロフタスは指摘していました。もちろんこの指摘は単なる意見ではなく，さまざまな経験的研究あるいは実際の事例によって裏づけられています。たとえば，事例6-1の被害者であったトンプソン氏は犯人とされたコットン氏の再審裁判で真犯人が法廷に連れてこられて確認を求められた際にも，はっきりとコットン氏を犯人であったと断言していたのでした。

犯人識別供述の変遷　　では，大阪テレクラ事件の犯人識別供述がどのように確信度が高いものになっていったのか，判決を手がかりにその過程を具体的にみていきましょう（**表6**-1参照）。

　被害時の供述では，年齢，身長，体格，髪ぐらいしか供述していません。ところが，第1回面通しでは，顔つきや眼やあごといったものにまで言及しています。さらに，第2回，第3回の面通しになると，口元であるとか言葉遣いであるとか，詳細にわたって犯人像を述べ始めます。公判になると，「こういう服を着ていた」という

---

4) ロフタス，E.・ケッチャム，K.（厳島行雄訳）（2000）．『目撃証言』岩波書店，xiv頁

表 6-1　Y 氏の犯人識別供述における新規別情報の出現表

情報提供時点 ＼ 識別情報	年齢	身長	体格	髪	顔つき	眼	あご	口元	言葉遣い	服装
① 被 害 時	○	○	○	○						
② 第 1 回面通し	○	○	○		○	○	○			
③ 　同					○	○		○		
④ 第 2，3 回面通し	○	○	○		○	○	○	○	○	
⑤ 公 判				○						○

ことまで言い始めています。たしかに私たちは，すぐには思い出せないことについて何らかのきっかけで記憶が蘇えるという経験があるでしょう。ところが，この Y 氏の犯人識別供述のように，何度も単独で X 氏をみる機会を重ねるにつれて犯人像の供述が詳細になっていくような場合には，その過程で誘導や虚偽の混入した疑いが出てきます。

　幸いこのケースでは，大阪地方裁判所の裁判官は目撃証言が誤りである可能性に対する十分な備えをして信用性の評価に臨み，その結果，信用性は否定され，無罪が言い渡されました[5]。しかし，本件は幸いというべきでしょう。なぜなら日本では，この事件で採られたような慎重な検討方法は法廷に義務づけられているわけでもなければ，裁判官らが学ぶ機会を義務づけられているわけでもないからです。たまたますぐれた裁判官に出会ったというだけなのです。

---

5)　大阪地方裁判所 2004 年 4 月 9 日判決・判例タイムズ 1153 号 296 頁

3 目撃証言に関する心理学的研究

心理学の記憶研究によれば，目撃証言に影響を及ぼす因子の分析はおおよそ３つの段階に分けてなされてきました。第１段階は，目撃情報の「獲得」段階です。それには出来事そのものに関わる因子（たとえば，明るさ，目撃時間，凶器注目など）と目撃者に関わる因子（たとえば，ストレス，年齢，職業，経験，訓練，期待など）の２種類が関わります。第２段階は，目撃情報の「保持」段階で，時間の間隔や記憶の歪み，事後的な情報の影響などが含まれます。第３段階は，目撃情報の「検索」段階です。目撃者の確信度や質問者の話法，文脈，写真帳や面通しなどの再生方法などが含まれます。

以下では，それぞれの段階に関する典型的な研究に触れながら，目撃証言の本質を考えてみましょう。

1 目撃証言の信頼性 （第１段階「獲得」）

目撃者が犯罪現場で犯人に遭遇した場合には，その目撃証言は重要な証拠として価値をもちます。しかし，そうした目撃情報の「獲得」プロセスにおいてさまざまな因子が目撃証言に影響を与え，正しくない，歪んだ，あるいは不十分な目撃情報しか得られないことが研究によって明らかにされてきています。1987 年に E. F. ロフタスたちは**凶器注目効果**と呼ばれる現象を確認したことを報告しました[6]。それは，レストランのレジに男が拳銃を持って近づいていく写真と，小切手を持って近づいていく写真を被験者にみせた場合，後者よりも前者の目撃証言において男に関する描写の記憶成績が劣っ

---

6) Loftus, E. F., Loftus, G. R. & Messo, J. (1987). Some facts about "weapon focus". *Law and Human Behavior*, 11 (1), 55–62.

ていることが見出されたというのです。拳銃という凶器に目撃者の注意が集まってしまい，男の外見や特徴に対する情報が収集されなかったことを示しているのでしょう。以後，世界中でこの「凶器注目効果」の研究が進められ，目撃証言の信頼度を形成する重要な因子として認められるに至っています。

2 目撃証言と他者からの影響（第2段階「保持」）

戦前，日本の法学者，植松正は目撃証言に**伝聞情報**がどのような影響を与えるか，といった実験を行いました。実験日が1939年といいますから，今から実に80年前のことです。

植松は，2つの実験対照群を設定し，ある絵（オートバイとサイド・カー。オートバイは男が運転しサイド・カー〔**図6-1**参照〕には男女2名の子どもが乗っている）とそれに多少異なる加筆を行ったものの2点（それぞれA図とB図とする）をみせたうえで，2つの群とも同じ絵をみせたという偽りの教示を行い，「交話群」では2つのグループ間で自由に話をすることを許容し，「非交話群」では2つのグループ間の会話を絶対に禁じ，異なる絵図の情報がどれくらい混入したか（すなわち他人から聞いた伝聞情報が自己の目撃経験に反映されるか）を測定しようと試みました。[7] その結果，交話群では非交話群に比べて正答率が落ち，その差はオリジナルのA図では非交話群70.7パーセントに対して交話群39パーセントというきわめてショッキングな数値を示したのです。オリジナルに多少加筆したB図では正答率は交話群で61.1パーセント，非交話群で50.3パーセントと，有意な差を示し，仮説「目撃証言は伝聞情報の混入によって『汚染』される」ことが実証されました。[8] また植松は，交話によっ

---

7) 植松正（1958），『裁判心理学の諸相』［新版］有信堂

8) 実験は，異なる回答日を複数設定して比較しているが，出現した傾向に差は生

（出所）植松正（1958）．『裁判心理学の諸相』［新版］有信堂

図6-1　植松が使用したサイド・カーの図版

て異なった群に属する被験者が互いの供述にどの程度同化するかについても測定し，同化率は71.5パーセントと高い割合を示し，非同化率は25.5パーセントに過ぎないことを見出し，伝聞混入の程度が予想よりもずっと大きいことを指摘しています。

　植松の研究では，オリジナルのA図に対してB図では複数の加筆がなされているのですが（たとえば男性の髭や眼鏡，ネクタイ等），これは質問へ「なかった」と回答する傾向，すなわち否定的傾向が伝聞によって強化されるかどうかを調べるためでした。この点も，否定的資料（A図）をみた者が肯定的資料（B図）をみた者の情報に影響されることが確認されました。髭や眼鏡，ネクタイの有無に関する質問について，「あった」という者の情報が「なかった」と

まれず，時間的影響は大きくないとみられる。

いう認識を歪める（回答では「あった」と答えてしまう）度合いが強いことが確かめられたのです。

植松は，この実験の結果を次のようにまとめています。すなわち，「目撃証言は類似の事実を目撃した他人と交話すると一般的にいちじるしい影響を受け，自己の体験供述を変容させる」「変容の結果，誤答率が上昇し，不明答率は減少する。さらに伝聞情報がなければ正答が期待される事項についても誤謬に導かれる」「簡易なＡ図は本来Ｂ図よりも正答率が高いはずなのに逆転しているのは，伝聞作用によってＢ図群（回答に対する肯定的傾向）がＡ図群に作用したことを示しており，このことは，単純で回答率が高いと期待できる場面であるから証言は正しいという楽観が許されない」「誤りの傾向は，否定は存在に変えられ易く，数の多少は多が少に影響を与え，色彩に関する問いは誤りが多く，軽度の異常性は常態化され易い」といった具合です。

こうした目撃者間における他者の影響は**同調**と呼ばれ，今日でも研究が盛んに行われています。植松の調査した子どもの場合だけでなく，成人においても同じような影響は排斥することは容易ではないとされています。

3 目撃証言の取得（第３段階「検索」）

日本における子どもの証言研究の第一人者である仲真紀子は，子どもの証言を取得するための「面接」が不適切であることが原因で証言が汚染されてしまい，その結果，裁判で証言の信用性が否定されてしまうと警告しました。[9]

犯人識別のための写真面割りに関する研究を行った厳島行雄たち

---

9) 仲真紀子（編著）(2016).『子どもへの司法面接──考え方・進め方とトレーニング』有斐閣

も，目撃者が警察の用意した写真帳に基づいて犯人識別を行う際の危険性について，目撃者が犯人の顔の傷を記憶していたとして，写真帳に顔に傷のある人物の写真が1枚しかなく，その人物を犯人であるとして選定した場合，目撃者が記憶に基づいてその人物を選定したのか，あるいは，単に顔に傷のある人物が1人しかいなかったためその人物を選んだのか，いずれであるかが判別できず，かえってバイアスを生み出す手続きとなっていると指摘しました。[10]

このように，せっかく犯人を目撃した証人が本当にいた場合であっても，証言を取得する手法（面接方法）が適切でないとか，写真面割りのやり方が適切でないために，記憶が汚染されたり，記憶の検索が正しく行われなかったりという結果を招いてしまうのです。

4 小 括

目撃証言に関わる3つの段階において，さまざまな因子がいかに判断過程に影響を与えるかという問題について，これまで記憶研究は数多くの知見を抽出することに成功してきています。そして，関係するほとんどの因子について実際に判断過程になんらかの影響を及ぼす危険を実験によって明らかにしてきました。実際の事件をみてみても，そうした心理学の研究成果を裏づける誤判事例や紛争事例が確認されていますから，実際上も危険性が存在することを広く法曹も捜査関係者も認識すべきです。

では，こうした危険性を踏まえたとき，どのような対策や制度を用意しておくことが必要でしょうか。

2005年，法と心理学会は『目撃供述・識別手続に関するガイドライン』（現代人文社）を刊行して，目撃供述・識別手続に関する基

---

10) 厳島行雄・仲真紀子・原聰（2003）．『目撃証言の心理学』北大路書房

本姿勢，目撃者の供述聴取手続，識別手続，写真面割り手続などについて具体的で詳細な指針を提案しています。けれども，残念ながら日本ではこうした指針を警察が採用していないのです。たとえば，**二重盲検法**（実施担当者は面通しに並んでいる誰が被疑者なのかを知らないし，目撃者もそのなかに被疑者がいるかどうかを知らない）の導入や面通し中のビデオ撮影といった容易に実施可能な方法などもいまだに取り入れられていません。

　これに対して海外では，実務上の指針となる公的なガイドラインが整備されたり，捜査の指針として取り入れられたり，法律に定めています。[11] たとえば，2008 年にノースカロライナ州では冒頭に紹介したトンプソン氏の事件を教訓に，①写真面割りや面通しの候補者を最低限 5 人用意する，②面割りは同時に行うのでなく順に提示する，③面通しを担当する係官はどの候補者が被疑者かを知ってはならない，④目撃者には犯人が候補者のなかにはいない可能性もあることを告知する，⑤目撃者が識別作業をしている際にいかなる示唆や感想も与えてはならない，⑥目撃者が識別を完了した後にはその確信度についてコメントするよう求める，といった具体的なルールがアメリカで初めて法律に定められました。[12] カナダでも，先に紹介したソフォノー事件調査委員会の勧告を受けて連邦司法省がガイドラインを定めています。[13]

---

11)　おそらく最も包括的なガイドラインをもつのはイギリス警察でしょう。250 ページにも及ぶ大部で詳細なものが公刊されています。
　　Ministry of Justice（2011）. Achieving best evidence in criminal proceedings: Guidance on interviewing victims and witnesses, and guidance on using special measures（https://www.cps.gov.uk/publications/docs/best_evidence_in_criminal_proceedings.pdf）.
12)　前掲 1）のトンプソン－カニーノほか（2013）「訳者あとがき」より。
13)　FPT Heads of Prosecutions Committee report of the working group on the prevention of miscarriages of justice（http://canada.justice.gc.ca/eng/rp-pr/

4 司法を支える心理学研究へ

先に紹介した目撃証言研究の大家ロフタスの名著『目撃証言』を翻訳した厳島行雄は，誤った犯人識別供述が根拠となって誤判が生じる危険を心理学の知見によって減少させることが期待されると語っています。

「どんなに優れた制度であろうとも完全な制度はない。司法制度もそうである。不完全であることを自覚して，その不完全さを少しでも改良していくことを学習しなくてはならない。目撃証言の心理学はそのような，人間の過誤に基づく悲劇をなくすための，そして人間の知覚や記憶がどのように働くかを研究し，その結果や方法を現実問題の解決へと応用する科学なのである[14]」

心理学が，今後も目撃証言という記憶研究の応用可能なフィールドにおいて十分な力量を発揮されることが期待されているといえるでしょう。

ブックガイド

Sporer, S. L., Malpass, R. S. & Koehnken, G. 編（箱田裕司・伊東裕司監訳）(2003).『目撃者の心理学』ブレーン出版

ドイツやアメリカの心理学者たちが目撃証言に影響を与える心理学的要因や人の認識のメカニズム，証言を採取する手続きの問題，目撃に関する実験が有している問題，目撃の記憶を向上させる技術など，多岐にわたって論じる。

---

cj-jp/ccr-rc/pmj-pej/index.html).

14) 前掲10) の厳島ほか（2003）より。

法と心理学会・目撃ガイドライン作成委員会編（2005）．『目撃供述・識別手続に関するガイドライン』現代人文社

　　犯行等を目撃した人からどのように供述を取得するかという聴取手続きや写真から目撃した人物を選定する写真面割りの手続きについて，モデルとなる手続きと具体的な方法を提案し，その背後にある法的，心理学的な問題点を掘り下げ，聴取者が注意すべき事項にも配慮した体系的で実践的なガイドブック。

司法研修所編（1999）．『犯人識別供述の信用性』法曹会

　　具体的な裁判例を基に，目撃の正確性や記憶の正確性，犯人選別の正確性がどのように日本の裁判で判断されてきたか，そしてそこにどのような課題や問題点が存在するかを捜査過程にまで遡って，現職の裁判官たちが研究した調査資料。90件の裁判事例を収集する。

BBC / The Open University（2010）．『目撃証言の真実 Eye witness』［DVD 全 3 巻］丸善出版

　　刺殺事件や強盗事件の非常にリアルな目撃実験の様子を収録し，目撃証言を見極める面接技法を駆使したイギリス警察の捜査手法や，誤った逮捕者が出てしまったケースを通じて記憶のメカニズムや教訓を解説する。

第III部
民事法と心理

第7章 取引と心理
悪質商法になぜだまされる？

キーワード 私的自治の原則，意思自治の原則，認知症，意思能力，悪質商法，精神鑑定，行為能力，制限行為能力者，成年被後見人，被保佐人，被補助人，成年後見人，保佐人，補助人，自己決定の制約，デート商法，投資取引，行動経済学，マインドコントロール，瑕疵担保責任，契約内容不適合責任，環境瑕疵，心理的瑕疵

● 学習内容

　財産上の取引に関わって，人の心理や精神との関係が法的争点となる事案を検討します。最初に，精神に関する病気や高齢による判断能力の低下につけ込んだ悪質な取引の例，次に，十分に判断能力があると思われる成人も，つい陥ってしまう消費者心理や投資家心理につけ込んだ悪質商法について検討します。

1　判断能力の低下

事例 7-1　ねらわれる高齢者の資産　今年 75 歳になる田中ハルコは，夫の田中イチロウから相続した土地上の建物に 1 人で暮らしていました。息子のシンタは 20 歳の大学生のときに，運転していたオートバイがわき見運転の車に衝突される交通事故で亡くなり，ハルコは一人暮らしです。最近，買物に行った後に，迷子になることが多くなり，交番で保護されることもありました。たまに様子をみにくる姪の鈴木キョウコが，ハルコから迷子になった話を聞き，心配になって病院に連れて行ったところ，認知症が進行していると診断さ

れました。診断した医師は，ハルコの財産を保護するために成年後見の審判を受けて成年後見人をつけたらどうですかといいます。そうこうするうちに，ハルコが住む家のあたりの再開発を検討していたゴールド不動産会社の営業マン佐伯カズオ（28歳）がハルコのところにやってきました。佐伯は，再開発の話はせずに，「おばあちゃんの家の前を通りがかったら，庭に雑草がかなり生えているので草取りをしてあげましょう」などといって，ハルコに取り入り，それから週に3回程度は来るようになりました。ハルコは話し相手ができ，また，カズオは亡くなった息子シンタに何となく似ているような気がして，喜んでいました。ひと月ほどたって，カズオがハルコに「このままここに1人で暮らしていても，建物は老朽化し，庭の手入れも大変だから，今住んでいる土地建物を売って，そのお金で病院なども近いマンションに引っ越したらどうですか」などといわれ，この土地建物（時価1億円）をゴールド不動産会社に2000万円で売る売買契約書に署名捺印してしまいました。

1 私的自治の原則：意思自治の原則と意思能力

　近代の市民社会以前の封建社会においては，私人間の経済取引にも身分に応じたさまざまな規制や介入が国家権力や団体によってなされていました。近代市民社会は，身分に基づく規制や介入を排して，法の下に平等な権利主体となった市民が，自らの意思で自由に法律関係を形成できる社会です（身分から契約へ）。近代民法の3原則の1つである**私的自治の原則**はまさに，自由に私人間の法的関係の形成ができることを示す原則であり，さらに，この私的自治は，個人が権利を得，義務を負うのは，自分の「意思」によってであるという**意思自治の原則**とも表現されます。

　事例7-1では，形式的には，ハルコは，自分の意思でゴールド不動産会社との売買契約を承諾していることになるので，売買契約が成立しています。しかし，ハルコは病院で**認知症**と認定されてもい

ますから，1人で財産取引を行う判断能力が低下しているとも考えられます。意思自治の原則には，自ら行う法律行為（契約など法的効果を発生させる行為）の意味がわかる能力，すなわち**意思能力**があることが前提とされています。意思能力がなく，自分の行為の法的意味がわからない者の意思表示は「自己決定」とはいえず，「自己責任」を課すことは妥当でありません。

　そこで，判例・通説は，契約などの法律行為を行なった時点で意思能力がなかったと判断される場合には，その法律行為は無効であると解してきました。裁判例では，90歳の高齢者で重度の認知症に罹患していると診断されていた女性の所有する時価2億4000万円程度の不動産を5000万円の代金を定めた売買契約により取得したとする者から登記の移転を求める訴訟において，本件売買契約当時，この高齢者には意思能力がなかったとして，この売買契約は無効であるとした例があります。[1]

　事例7-1の場合も，ハルコは病院で認知症が進行していると診断されており，時価1億円の不動産を2000万円という低額で売却する売買契約書に署名捺印しています。その時点で財産取引をするのに必要な判断能力を有していなかったと認定されれば，意思能力がなかったとして，この売買契約の効果を無効にすることができるでしょう。最近，ハルコのような一人暮らしの高齢者をねらった**悪質商法**が問題となっていますが，話し相手となって歓心を買う，事例7-1のように，亡くなった息子を思い出させ親近感をもたせるなど，高齢者の心の隙間をねらった手法も多用されているようです。[2]

---

1)　東京地方裁判所 2008 年 12 月 24 日判決・判例時報 2044 号 98 頁
2)　高齢者の消費者被害については，坂東俊矢「消費者被害としての高齢者問題」（2018，中田邦博・鹿野菜穂子編『基本講義消費者法』［第 3 版］日本評論社）222 頁以下参照。

なお意思能力に関する規定は明治時代に作られた民法典にはありませんでしたが，2017 年 5 月に成立した改正民法（施行は 2020 年 4 月 1 日）で，意思能力に関する条文が新たに規定されました（3 条の 2）。

2　成年後見制度

　ところで事例 7-1 のように形式的には売買契約が成立しているのを，意思能力がなかったからこの売買契約は無効であると主張しても，相手方は，素直にそれを認めず，ハルコの意思能力の有無を争うこともありましょう。意思能力の有無は医師による**精神鑑定**により判断されることになりますが，それには，時間も費用もかかります。事例 7-1 では，たまたま，既に病院で認知症が進行していると判断されていたから，意思能力がなかったことが認められやすいとはいえますが，そのような診断を受けていなかった場合に，意思能力がないことを証明することは難しいものです。

　そこで，民法は，単独で法律行為をすることができる資格を**行為能力**として定め，行為能力を欠く者（**制限行為能力者**という）には保護者を付し，一定の法律行為を本人または保護者である法定代理人が取り消せるという制度をつくっています。このような制限行為能力者には以下の 4 類型があります。①満 20 歳未満（なお 2022 年 4 月 1 日より施行される法改正で成年年齢は満 18 歳となる）の者である「未成年者」（民法 4 条），②**成年被後見人**（民法 7 条「精神上の障害により事理を弁識する能力を欠く常況にある者」），③**被保佐人**（民法 11 条「精神上の障害により事理を弁識する能力が著しく不十分である者」），④**被補助人**（民法 15 条 1 項「精神上の障害により事理を弁識する能力が不十分である者」）です。②〜④については，本人，配偶者，4 親等内の親族（甥姪は 3 親等，いとこは 4 親等）などが家庭裁判所に後見，補

佐，補助の開始の審判を申し立てる必要があります。これらの制限行為能力者には，それぞれ，保護者として，**成年後見人**，**保佐人**，**補助人**を付すことが定められています（民法8条，12条，16条）。

　事例7-1でも，ハルコとゴールド不動産会社との間に売買契約が締結された時点で，ハルコが成年後見開始の審判を既に受け，姪の鈴木キョウコが後見人になっているような場合であれば，ハルコの意思能力の有無をいちいち争うことなく，ハルコ本人ないし法定代理人である後見人の鈴木キョウコがこの売買契約を取り消すことができます（民法9条，120条）。取消しによって，この売買契約は初めから無効，つまり，なかったものになるので（民法121条），ハルコはこの不動産の売主としての所有権の移転や引渡しの義務を負わないことになります（反対に，ゴールド不動産会社の代金支払義務もなくなります）。

3 自己決定の尊重と本人の保護の調整

　「意思能力」や「行為能力」という概念・制度は，判断能力が不十分な者のなした法律行為を無効としたり，取り消せるものとして，本人を保護するための制度です。しかし，他方で，本人の望む行為が制限されるという**自己決定の制約**という側面もあります。民法は，未成年者（20歳未満）であっても，これで本を買いなさいといって目的を定めて処分を許した財産や，こづかいなどのように目的を定めないで処分を許した財産については，自由な処分権を認め，未成年者の自己決定，自由を制限つきで認めています（民法5条3項）。また，行為能力を最も制限される成年被後見人においても，「日用品の購入その他日常生活に関する行為」については，成年後見人の同意なく，単独でできるものとし，ここでも自己決定の尊重に配慮しています（民法9条）

2 人の心理を利用した悪質商法[3]

1 消費者の心理を利用した悪質商法

　先に述べたように意思自治の原則は，自分の意思で法律行為をした者にその法的効果の帰属を認めます。すなわち，自己決定＝自己責任の原則です。意思能力や行為能力は判断能力の不充分な者のなした契約などの法律行為の効果を否定ないし制限することによって，契約の拘束力から本人を保護し，その代わりに，本人の自己決定を制約する制度なのです。

　それでは，意思能力は行為能力を備えた成人が自己の意思でなした法律行為は常に自己責任を求めてよいことになるのでしょうか。自分の意思でなしたといっても，詐欺の場合のように騙されて法律行為をした場合や，強迫により自由な意思を抑圧されて意思表示をさせられた場合には，その法律行為は完全な自由な意思のもとになされたのではないから，取り消すことができることを民法は規定しています（民法 96 条）。

　それでは，次のような場合は，どうでしょうか。

　事例 7-2　数百万円のデート費用　看護師で 25 歳のナツキは，病院の寮で暮らしていましたが，勤務のシフトの時間から，なかなか友人もできず，その面では寂しい日々を送っていました。ある日，アパレル会社の社員でケンジと名乗る見知らぬ若い男性からアンケートに答えてほしいとの電話をもらい，電話で話しているうちに，同じ郷土の出身とわかり，「この出会いを大切にしよう」とケンジからいわれて，次の日曜日の午後に京都駅で待ち合わせることになり

3）　悪質商法については，国民生活センター編『悪質商法のすごい手口』（2009，徳間書店），村千鶴子『消費者はなぜだまされるのか──弁護士が見た悪質商法』（2004，平凡社）など。

ました。

　ナツキは，久しぶりに，異性と外で会うことになり，心もなぜかしらうきうきしていました。2 人は駅の近くの隠れ家的なフレンチレストランでランチをすませ，勘定はケンジが支払ったあと，ケンジは自分の勤める会社のオフィスがすぐ近くにあるから寄って行かないかというので，ナツキはケンジにいわれるままについていきました。すると，そこには宝石類が展示されていて，ナツキはケンジから，「このダイヤのネックレスは君にとても似合いそうだから，つけてごらん」といわれ，試しにつけてみると，「とても似合うよ。うちでは，卸売業者から直接仕入れているから，ものすごく安いんだ。月 2 万円のローンで買えるから買ってみない」といわれました。ローンも組んだことがないナツキでしたが，いつの間にか現れたケンジの上司の男性からも言葉巧みに誘われて，売買契約書と信販会社のローン契約書に署名してしまいました。

　署名のときに代金をみると，126 万円とあり，ナツキは思わず心臓がとまりそうになりましたが，今さら署名も拒否できない雰囲気ですし，月 2 万円の支払いなので何とか大丈夫だと思いました。ところが，その後，ナツキはケンジとデートをするたびに会社に連れて行かれ，とうとうわずか 2 カ月間で 4 点の宝石を，合計 200 万円も買わされることになってしまいました。

　これは，いわゆる**デート商法**という悪質商法の一種です。この事例のもととなった事件では，被害女性が直接勧誘をしてきた男性とその勤務する会社を相手取り，悪質な商法により代金相当額の損害を被ったとして，不法行為責任に基づく損害賠償請求を求めて裁判で争う事態になりました。京都地方裁判所の判決は，この会社は，[4]「異性に対して無差別に電話勧誘をした上，異性の警戒心を解いて思わせぶりな言葉を用いたり，飲食をおごったりするなどして契約締結の勧誘に乗ってしまいやすいような状況を作り」契約を締結さ

---

[4]　京都地方裁判所 2007 年 12 月 19 日判決・裁判所ウェブサイト（http://www.courts.go.jp/app/hanrei_jp/detail4?id=35577）

せており，また，売却した宝石類の実際の価格は市場価格の4倍から5倍の値段で売っており，その販売方法は「全体として社会的相当性を欠くもので，不法行為に該当する」として，原告の損害賠償請求を認容する判決を下しています。甘い言葉には気をつけないといけませんね。

2 個人投資家の心理を悪用した商法

事例7-3　損失を取り戻そうとして更に大きな損失を被った事案　小学校の校長を定年退職した鈴木マナブのところに，リッチチャイルド社の営業マン平井ヨウイチから電話がかかってきました。資産の運用のために良い話があるので，ぜひ，お時間を下さいというのです。これからの老後のこともあるので，一応話だけは聞いてみようと思い，マナブは自宅でヨウイチの話を聞くことにしました。話の内容は，商品の先物取引ということで，何でも，少ない資金で莫大な利益を得ることができるという話です。最初は10万円の投資でよい，それで3カ月後には，40万円くらいの利益が出るといわれ，マナブは半信半疑でしたが，とりあえずリッチチャイルド社と商品先物取引委託契約なる契約を結び，10万円をヨウイチに渡しました。

　3カ月後にヨウイチから，30万円の利益が出ましたから，これを元手に，さらに取引を行いましょう，今度は，100万円くらいもうかりますよというので，マナブはすっかりその気になってしまい，これを承諾した。それから2回くらいの取引で，マナブに150万円ほどの利益が出ました。ところが，その後は，逆に，マナブが損失を被るようになり，「この損失を取り戻すためには，ここで資金をつぎ込んで勝負しなければ」などとヨウイチにいわれ，結局，1年間ほど取引を続けた結果，マナブはもうかるどころか，逆に2000万円ほどの損失を被ってしまいました。

これは商品先物取引による被害です。**投資取引**被害者の心理的特性については，近時，アメリカを中心に**行動経済学**による実証的・理論的研究が飛躍的に進展し，各国の法政策や法解釈に影響を与え

てきており，その法解釈，訴訟における事実認定などへの応用の必要性も指摘され始めています。投資者は民法が前提としているような「合理的な経済人」ではなく，客観的にみればリスクが大きいのにもかかわらず，損失が出ればそれを取り戻そうとするリスクテーカーの心理的特性をもつことが明らかにされてきています。「損失を取り戻しましょう」という勧誘者の言葉につい乗ってしまい，また，勧誘者もこのような損失者こそが手数料稼ぎのできる良い顧客であることを経験的に知っていて，その心理を利用しているのです[5]。つまり，委託者たる顧客は先物取引によって損失を被っても，それがあたかも先物取引に伴う通常の損失であるかのように思いこんでいるのです。

　先物取引業者である勧誘者のいうがままに投資取引をして，気づいたら巨額の損失を被っていたという場合に，業者の不法行為責任や債務不履行責任に基づき損害賠償を命ずる裁判例も多くみられるようになってきました。そのなかで今問題となっているのは損害賠償請求権の消滅時効の問題です。不法行為責任の場合は，被害者が「損害及び加害者を知った時から3年間」（民法724条前段。2020年4月1日から施行される改正民法では，724条1号），債務不履行責任の場合は，「権利を行使することができる時」から10年（民事普通時効。民法166条1項，167条1項）ないし5年（商事時効。商法522条）の間に損害賠償請求をしないと消滅時効が完成し，加害者がこの時効を裁判で援用（主張）すると，被害者の請求は認められません[6]。裁判

5）　山本顯治（2010）．「投資行動の消費者心理と勧誘行為の違法性評価」『北海道大学グローバルCOEプログラム・新世代法政策学研究』5, 201-231.
　　同（2011）．「行動経済学と勧誘規制法理」『先物取引被害研究』37, 7-23.
6）　2020年4月1日から施行される改正民法では，一般の債権の消滅時効は債権者が，権利を行使することができる時から10年に加えて，債権者が権利行使をできることを知った時から5年の短期時効も進行するものとされました（改正

で争点となるのは，この消滅時効の起算点がいつなのかということ
です[7]。この起算点の解釈にあたっては，前述したような先物取引被
害における被害者の心理的特性をふまえることが必要でしょう。そ
の点で注目されるのは，提訴より3年前の時点では被害者は加害者
の行為の違法性を認識できなかったとして，消滅時効の完成を否定
した京都地方裁判所の判決です[8]。この判決は次のように述べていま
す。

　「商品先物取引の委託及び受託，並びに商品取引員の外務員が
　する取引の受託に向けての投資勧誘行為は，それ自体は全くの適
　法行為である。そして，商品先物取引の本質が投機であるから，
　これによって顧客が損失を被ったとしても，原則的には，顧客が
　相場判断を誤ったことの結果，すなわち自己責任である。また，
　外務員の勧誘行為に問題があっても，それが違法かどうかについ
　ては明確な境界線を引くことができるものではない。したがって，
　外務員の違法行為によって顧客が損失を被った場合であっても，
　顧客がその違法行為を認識することは法律専門家等の助言のない
　限り，多くの場合困難であるということができる」

166条1項）。また商事消滅時効の規定は商法から削除され，債権の原則的消滅
　時効が商事行為にも適用されることになりました。詳しくは，松本克美「債権
　の原則的消滅時効期間の二重期間化の合理性」（2017，深谷格他編『大改正時代
　の民法学』成文堂）。
7)　先物取引被害についての損害賠償請求権の消滅時効の問題についての詳細は，
　松本克美「先物取引被害の不法行為責任と消滅時効──〈不法行為性隠蔽型〉
　損害における時効起算点」（2012，『立命館法学』343，1648-1688）。同「先物取
　引被害に対する債務不履行責任に基づく損害賠償請求権の消滅時効期間と起算
　点」（2012，『立命館法学』344，2564-2594）。
8)　京都地方裁判所2006年11月24日判決・先物取引裁判例集46号414頁

3 宗教によるマインドコントロール

> **事例7-4 壺のたたり** 父親の遺産を相続したカズコはB宗教法人の信者から，この壺を買わないとたたりによる災いが起きるなどといわれ，1000万円の壺を買わされました。

宗教による**マインドコントロール**のもと，不当に巨額な寄附をさせられる，まったく価格に釣り合わない物を買わされるというような被害も後を絶ちません。ここでも，消滅時効が問題になることがありますが，次の東京地方裁判所判決[9]は，宗教によるマインドコントロールの特性をよく踏まえた判決といえます。

> 「宗教的行為において詐欺的・脅迫的勧誘が行われた不法行為においては，当該宗教行為を教義の一環として受け入れている限り不法行為であると認識できないから，当該宗教における教義を信仰する心理状態が継続している限りは，時効は進行しないというべきであり，原告らにおいて，右心理状態から解放された時期は，マスコミ報道等を見て被害対策弁護団の存在を知り，同弁護団の弁護士と相談した時点であると考えられる」

3 心理的瑕疵

1 瑕疵担保責任

> **事例7-5 知らずに購入したいわくつき物件** 新婚のダイキ・ミドリ夫婦は，最初は賃貸マンションに暮らしていましたが，子どもが生まれることもあり，この機会にマンションを購入しようと考えて

---

9) 東京地方裁判所2000年12月25日判決・判例タイムズ1095号181頁（法の華事件）

いました。たまたま新聞広告で，駅の近くで，大きな公園もあり，しかも，格安であるという中古のマンションをみつけ，一番町不動産会社からこの不動産を時価より3割安い2100万円で購入し，登記も移転し，引っ越しもしました。ところが3カ月ほどたったところで，妻のミドリが，たまたま近所の主婦たちが通路でひそひそ話をしているのを立ち聞きしました。何でも，ダイキ・ミドリ夫婦が購入した409号室は，2年ほど前に，借金苦で一家心中があった部屋であるというのです。ミドリが早速一番町不動産会社に電話すると，担当者はそのことを認めたうえで，「しっかりお祓いをしてもらっているので，何の問題もないですよ」の一点張りです。しかし，ミドリは，その日以来，悪夢をみるようになり，不眠症になってしまいました。ダイキ・ミドリ夫婦はこのマンションを一番町不動産会社に返すのと引換えに，代金も返してもらいたいと思っています。

　ダイキ・ミドリ夫婦は一番町不動産会社とマンションの売買契約を結ぶ時点では，この部屋の前の持ち主が一家心中したという事実を知らなかったわけです。そのようなことを知っていれば，このマンションは購入しなかったでしょう。こういう場合に，この夫婦が望みをかなえるための法的手段としては，売主に瑕疵担保責任を追及し，売買契約を解除し，代金を返還してもらうことが考えられます。

　瑕疵担保責任とは，売買契約で購入した物（目的物）に「隠れた瑕疵」（欠陥，すなわち通常有すべきまたは契約で特に定めた品質を欠くこと）があった場合に，売主が負う責任のことです。買主は，売主の瑕疵担保責任を追及して，契約目的が達成できないほどの瑕疵であれば売買契約を解除し，また，そうでなくても，損害を被っていれば損害賠償を請求できます（民法570条，566条）。この権利は，買主が隠れた瑕疵を知ってから1年以内に行使しなければなりません（民法566条3項）。なお2020年4月1日施行の民法の一部を改

正する法律（法律第44号）は，従来の瑕疵担保責任に代えて**契約内容不適合責任**（562条以下）を定めています。契約内容不適合のその実質的判断基準はこれまでの「瑕疵」の判断基準（通常の品質を前提に契約で定めた品質を欠くこと）と同様に解すべきことになるでしょう。また契約内容不適合を知ってから1年以内にその旨を売主に通知しないと，後で売主に契約内容不適合の責任を追及できなくなります（566条）。

2 さまざまな瑕疵

瑕疵には，欠陥住宅であったような場合の物理的瑕疵のほかに，眺望が良いことを宣伝文句にしたマンションであったのに，購入後すぐに隣に高層マンションが建ち，眺望が台無しになってしまった場合の**環境瑕疵**，本件のように物理的な欠陥はないものの，自殺や他殺のあった物件など通常人はそのような物件は買わないであろう**心理的瑕疵**も含まれると解されています。実際の裁判例でも売買契約成立後，6年前に首つり自殺があった物件であることがわかった事例で，「本件建物を，他のこれらの類歴のない建物と同様に買受けるということは通常考えられないことであり，右居住目的からみて，通常人においては，右自殺の事情を知ったうえで買い受けたのであればともかく，子供も含めた家族で永続的な居住の用に供することははなはだ妥当性を欠くことは明らかであり，また，右は，損害賠償をすれば，まかなえるというものでもない」として，売主の瑕疵担保責任に基づく契約解除による代金返還請求と違約金の支払い請求を認めた例があります。[10]

その他，不動産会社が転売用に購入した物件に，過去に室内での

---

10) 横浜地方裁判所 1989 年 9 月 7 日判決・判例時報 1352 号 126 頁

他殺事件，同家族 2 人の近隣マンションからの飛び降り自殺の事件があったことがわかり，重要事項の説明義務違反を理由にした債務不履行による解除が認められた事例などもあります。[11]

なお上述したように改正民法により，従来の「瑕疵」（改正前 570 条）という言葉は，「契約の内容に適合しない」という言葉に替えられました（改正 562 条 1 項）。しかし，自殺や殺人事件があったマンションや家なら買いたくないというのが通常の買主の意思であると考えるなら，従来，いわれてきた「心理的瑕疵」は売買目的物の契約内容不適合性の要件を満たしうるものといえるでしょう。

ブックガイド

前田泰（2000）．『民事精神鑑定と成年後見法——行為能力・意思能力・責任能力の法的判定基準』日本評論社
　表題の通り，民事法で問題となる各種能力の判定基準について検討している。

箱田裕司・仁平義明編（2006）．『嘘とだましの心理学——戦略的なだましからあたたかい嘘まで』有斐閣
　悪質商法などを心理学の観点から分析している。人はなぜだまされるのか，良い嘘もあるのかなどにつき考察している。

山本顯治編（2007）．『紛争と対話』［第 4 巻］法律文化社
　投資取引と心理について民法学者の観点から検討している。人はなぜ損をしても投資取引をし続けるのかについても検討している。

菅富美枝（2018）．『新 消費者法研究——脆弱な消費者を包摂する法制度と執行体制』成文堂
　高齢者を含むさまざまな脆弱な消費者の自己決定支援と社会的包摂について，イギリス法，社会システムの現状を検討し，日本への示唆を得ようとする。

---

11)　大阪地方裁判所 2009 年 11 月 26 日判決・判例タイムズ 1348 号 166 頁

第**8**章 セクシュアリティと心理

性的アイデンティティとハラスメント

キーワード　不貞，性的自己決定権，不貞慰謝料，セクシュアル・ハラスメント，職場環境配慮義務，同性愛，ジェンダー，セクシュアリティ，LGBTI，カミングアウト，アウティング，同性婚

● **学習内容**

　本章では，「不貞」慰謝料やセクシュアル・ハラスメント，同性愛など，セクシュアリティに関わる法と心理の問題を学習します。この分野では，歴史的に価値観の多様化や人権概念が広がるなかで，今までは当然と思われていたことが，実は他者の人格を軽視ないし無視していたのではないかと問われています．

---

1 「不貞」慰謝料

1 離婚と不貞

事例8-1　不貞に奪われた家庭の平和？　カズキには妻のマサコとの間に9歳になる女の子アヤカがいましたが，夫婦の間にはいつしかすきま風が吹きだしていました。ちょうどその頃，カズキは会社の接待でたまたま入ったクラブ「明日では遅すぎる」で知り合ったホステスのミナと意気投合し，肉体関係をもつに至りました。度重なる外泊を出張と偽っていたカズキでしたが，ミナとの仲がマサコに知られるところとなり，カズキは家を出てミナと同棲することになりました。やがてミナはカズキとの子ショウタを産み，カズキはショウタを認知しました。カズキが家を出て10年後，マサコとア

ヤカはミナを相手に，ミナの不貞により家庭の平和を壊され，アヤカは父の愛情のもとに育つ権利を侵害されたとして，不法行為責任に基づく慰謝料を請求しました（マサコ 500 万円，アヤカ 300 万円）。ミナは，カズキはマサコに愛情を失い，ミナと恋愛をして同棲しているのであって，何ら不法行為をしていないから慰謝料など支払わないといっています。

　既婚者が婚姻外で性的関係をもつことを**不貞**といいます。「不貞」は民法の条文上，第 1 にあげられている裁判上の離婚原因です（770 条 1 項 1 号）。日本における年間の離婚件数は 2017 年で約 21 万件，すなわち 1 年に 42 万人が離婚を経験しています。ちなみに婚姻件数は年間 61 万件ですから，単純計算では，婚姻した夫婦の 3 分の 1 近くが離婚していることになります。結婚式のときには「永遠の愛を誓います」といっても，男女の仲は夫婦生活を過ごすにつれて，いろいろなことがあるのでしょう。

　判例は，事例 8-1 のような事案で，「夫婦の一方の配偶者と肉体関係をもった第三者は，故意又は過失がある限り，右配偶者を誘惑するなどして肉体関係をもつに至らせたかどうか，両名の関係が自然の愛情によって生じたかどうかにかかわらず，他方の配偶者の夫又は妻としての権利を侵害し，その行為は違法性を帯び，右他方の配偶者の被った精神上の苦痛を慰謝すべき義務がある」として，配偶者から不貞の相手方への慰謝料請求を認めました。他方で，子からの請求については，「父親がその未成年の子に対し愛情を注ぎ，監護，教育を行うことは，他の女性と同棲するかどうかにかかわりなく，父親自らの意思によって行うことができるのであるから，他の女性との同棲の結果，未成年の子が事実上父親の愛情，監護，教育を受けることができず，そのため不利益を被ったとしても，そのことと右女性の行為との間には相当因果関係がない」としてこれを

否定しました。[1]

2 不貞行為と慰謝料

　学説のなかでは判例を支持して不貞は家庭の平和を破壊する不法行為であるので慰謝料請求を認めるのは当然であるとする見解もありますが，他方で，婚姻したからといって性の自己決定（この権利を**性的自己決定権**といいます）を放棄しているわけではないから，婚姻外の性的関係を不法行為と捉え，慰謝料請求の対象とするのは問題である，愛情を金に換算するようなものであり，脅迫の原因となったりするので認めるべきではないとする見解もあります。[2]

　ところで，その後，最高裁判所は，次のような注目すべき判決を2つ出しています。1つは，**不貞慰謝料**の消滅時効起算点に関する判決で，「夫婦の一方の配偶者が他方の配偶者と第三者との同せいにより第三者に対して取得する慰謝料請求権については，一方の配偶者が右の同せい関係を知った時から，それまでの間の慰謝料請求権の消滅時効が進行する」とした判決です。[3]この判決によりますと，提訴より3年前の不貞慰謝料請求権は消滅時効が完成していることになりますから，慰謝料額は提訴の前の3年分に限定されることになります。いま1つの判決は，婚姻が事実上破綻し，別居状態になってしまった後に，婚姻外で性的関係をもったとしても，それは，「婚姻共同生活の平和の維持という権利又は法的保護に値する利益を侵害する行為」としての不法行為とはならないので，不貞慰謝料

---

1)　最高裁判所 1979 年 3 月 30 日判決・最高裁判所民事判例集 33 巻 2 号 303 頁
2)　近時の不貞慰謝料肯定論の立場からの論稿として，水野紀子「不貞行為の相手方の慰謝料請求」(2008, 円谷峻・松尾弘編集代表『損害賠償法の軌跡と展望（山田卓生先生古稀記念論文集）』日本評論社)，否定説に立つ論稿として，二宮周平「不貞行為の相手方の不法行為責任」(同論文集所収)。
3)　最高裁判所 1994 年 1 月 20 日判決・判例時報 1503 号 75 頁

は認めないとする判決です。[4)]

　いずれの判決も不貞慰謝料を制限する方向での判決です。「不貞」によって他方の配偶者や子の心が深く傷つくことは容易に想像できますが，問題は，そのような心理を，「不法行為」「慰謝料」という法の問題として扱うべきか否かという点にあります。たとえば，男女が恋愛関係におちいっても，いっときの熱がさめ，違う異性を好きになってしまい，別れるというようなことは日常的に起こることです。そのとき，ふられた方が，新たな恋人となった第三者に対して，「俺の彼女」「私の彼」をとったのだから，慰謝料を払えといっても，故意に相手を傷つけるためにわざと恋愛関係になったのでない限り，認められないでしょう。婚姻後には不貞慰謝料という問題になるのは，永遠の愛を誓ったからなのでしょうか。まさに法と心理の交錯する問題です。

┃ **2** セクシュアル・ハラスメント

1 閉鎖的環境での性的自己決定権の侵害

事例 8-2　社内不倫？　ナオコ（28 歳）は，あるメーカーに正社員として勤務して 5 年目です。最近，営業課から秘書室に転属となり，マエカワ（部長 50 歳）の秘書となりました。マエカワは社内でも有能で知られていましたが，とても紳士的な物腰の柔らかな人物で，ナオコも快適に仕事をしていました。あるとき，取引相手の接待の夕食とその後のカラオケにナオコもマエカワと同席しました。カラオケが終わると夜の 11 時過ぎでした。マエカワはいつもよりほろ酔い加減になっていたのか，「今日はご苦労様。私の行きつけのバーJ がすぐ近くにあるから，今日の慰労も兼ねてもう一杯おごろ

---

4)　最高裁判所 1996 年 3 月 26 日判決・最高裁判所民事判例集 50 巻 4 号 993 頁

う」というのです。ナオコもむげに断れないので，「それでは一杯だけおつきあいします」と返事をしました。ナオコはマエカワと2人で飲むのは初めてで最初は緊張しましたが，マエカワの生まれ故郷がナオコの生まれた市の隣であることがわかり，話がはずみ楽しい時間を過ごせました。帰りはマエカワがタクシーでナオコの家の近所まで送ってくれました。別れ際にナオコは「今日はとても楽しかったです。お疲れ様です」といってマエカワに手を振り家に帰りました。ところが，それから，マエカワはことあるごとにナオコを接待に同伴させ，バーJにもたびたび連れて行くようになりました。ナオコの誕生日には，社内でこっそりと高価そうなネックレスをプレゼントされ，その現場を同僚の女性の1人が偶然目撃し，あの2人は怪しいというようなうわさが立ち始め，ナオコは次第に会社に出勤するのが億劫になり，「体調が悪い」と会社を休むこともありました。そうこうするうちに，ナオコは人事課から呼び出され，「社内で君とマエカワ部長の不倫のうわさが立っている。皆の士気に関わるので，子会社に出向してもらいたい」と言い渡されてしまいました。ナオコはショックでその日は退社をし，それ以来，3週間出勤していません。

　こういうことがよくあっては困りますが，それでも現実になくはない話ですね。職場や教育研究の場，それと関連する環境において，相手方の意に反してなされた性的言動を**セクシュアル・ハラスメント**といいます。セクシュアル・ハラスメントの第1の特徴は，職場や学校という自らの任意の意思で容易にそこから離脱することができない場（そこで決まった時間に働かなければならない，授業やゼミを受けなければならない，研究指導を受けなければならない）において，そこにおける権力的な優越関係（上司と部下，教員と学生など）や密接

5）　職場での問題については，小島妙子『職場のセクハラ』(2008，信山社)。大学については，松本克美「キャンパス・セクシュアル・ハラスメント訴訟と大学の教育研究環境配慮義務」(2005，『立命館法学』300・301，1147-1182) など。

な社会的接触関係（同一の職場，同一のクラス，ゼミ，サークル等）を利用して，相手の意に反する性的言動が行われる点にあります。第2の特徴は，そのことによって，各人にとって最もプライバシーが守られるべき領域であるはずの性的自己決定権が侵害され，かつ，良好な環境のなかで働いたり，教育を受ける，研究をする環境が破壊されてしまう点にあります。

　アメリカでは1960年代から雇用の場における女性差別の問題として注目され，使用者の法的責任も厳しく問われるようになってきた問題です。日本では1990年代から加害者本人や使用者あるいは大学を相手取った損害賠償請求訴訟が起こされるようになってきました。日本で初めてセクシュアル・ハラスメントについて被害女性の同僚と使用者である会社の不法行為責任を認めた福岡セクシュアル・ハラスメント訴訟の判決は，原告の異性関係などのうわさを吹聴するなどの同僚の被告の行為につき，「本件の被侵害利益が女性としての尊厳や性的平等につながる人格権に関わるもの」であることを明示しています。[6]

　また，大学院生を研究指導する立場にある大学教授が，指導している女子院生を研究室で抱きしめたり，学会出張に行った際にホテルの同じ部屋に泊まらせるなどしていた行為につき，仙台地方裁判所は，被告教授の行為について，「教育上の支配従属関係」を利用したセクシュアル・ハラスメントによる「良好な環境の中で研究し教育を受ける利益」「性的自由」「私生活の平穏」の侵害であるとして，従来の訴訟と比べても高額の慰謝料750万円（それまでの最高額の300万円の2倍以上）[7]を認容しました。

---

6)　福岡地方裁判所1992年4月16日判決・判例時報1426号49頁
7)　仙台地方裁判所1999年5月24日判決・判例時報1705号135頁（東北大学大学院事件）

2 職場環境を悪化させるセクハラ行為

さて事例 8-2 ですが，マエカワの行為は，ナオコに性的関係を強要したり，恋愛感情を吐露するメールを何百通も出すとか自宅まで押し掛けるというような，誰がみてもセクハラ行為というほどの悪質性はないかもしれません。しかし，職場の上司が特定の部下を接待にたびたび同伴し，また，仕事後のプライベートな時間に仕事の延長のような形で 2 人だけで飲みに連れて行く，プレゼントを渡すという行為は，ナオコからみれば，立場上，むげに断れない状況に追い込まれ，仕方なくつきあっているということになりますから，マエカワの行為は，ナオコにとっての職場環境の悪化をもたらしているということがいえます。

マエカワにとってみれば，ナオコを初めてバー J に連れて行った夜の帰り際にナオコが「楽しかったです」といったひとことを自分に対する好意と勘違いしてしまったのかもしれませんが，相手と自分の力関係をよく考えてみなければいけません[8]。また，このような問題が発覚したときに，職場の秩序維持などの観点から，被害者が不利益な人事上の取扱いがされることがありますが，このような取扱いは，職場の人間関係，環境の調整・配慮義務に違反する行為として，それ自体が責任原因となることもあります。実際の裁判でも，部下の女性に対する店長の日常的なセクシュアル・ハラスメント行為につき，それを未然に防止できず事後的にも適切な対応がとられなかったことにつき，会社の**職場環境配慮義務**違反の債務不履行責任を認めた事例や[9]，職場の女性用トイレでの男性従業員のビデオ盗

---

8) こうした勘違いがセクシュアル・ハラスメントを引き起こす大きな要因となっていることを分析したものとして，牟田和恵『部長，その恋愛はセクハラです！』（2013，集英社）参照。

9) 岡山地方裁判所 2002 年 11 月 6 日判決・労働判例 845 号 73 頁

撮事件について，「被告会社は，雇用契約に付随して，原告のプライバシーが侵害されることがないように職場の環境を整える義務」や，「雇用契約に付随して，原告がその意に反して退職することがないように職場の環境を整える義務」があるにもかかわらず，これを怠ったとして債務不履行責任を認めた例などがあります。[10]

3 同 性 愛

1 性とジェンダー

事例 8-3 守られなかった秘密 アキオは，ある法科大学院に在籍し弁護士を目指していました。アキオは，仲の良い同級生のジロウに隠し事をしているような自分に悩んでいました。実はアキオは同性愛者でジロウに恋愛感情を抱いていたのです。しかし，アキオは，これまで誰にも自分が同性愛者であることは打ち明けたことはありませんでした。「ホモ」とか「おかま」とかいわれて差別されたり，いじめられたりするのが怖かったからです。でもアキオはジロウととてもウマが合い，良い友達になっていたので，隠し事をしている自分も嫌でした。あるとき，意を決して，アキオはジロウに自分が抱いている恋愛感情について告白しました。ジロウは，そのとき，「えっ？ そうなの？」といって驚いた様子でしたが，「うーん，そうなの。考えとくわ。明日の予習しなきゃいけないんで帰るわ」といって，笑顔で立ち去って行きました。突然，そういわれて，ジロウもびっくりしたのだろうと思いましたが，アキオは勇気を出して告白して少し肩の荷が下りた気持ちでした。

　ところが，その直後に，ジロウは，勉強仲間のヒロトに廊下で偶然出会ったあと，「ちょっと，ちょっと。聞いてくれ。さっき，いきなりアキオからコクられちゃったよ。気持ち悪」などと口走って

---

10) 京都地方裁判所 1997 年 4 月 17 日判決・判例タイムズ 951 号 214 頁

しまいました。またジロウは帰宅後，勉強仲間とのLINEグループにもそのことを投稿してしまったため，瞬く間にアキオは同性愛者で，ジロウに告白したという話が広まってしまいました。アキオは，その直後から授業も休みがちになりました。思い切って病院に行くと，心療内科に行くよういわれ，そこでは不安神経症といわれました。アキオは大学のハラスメント相談室や担任の教授にも相談しましたが，プライベートな問題に介入できない，よく話し合いなさいというのみでした。1カ月後に，大学のキャンパスで倒れているアキオが発見されました。警察の調べでは校舎から飛び降り自殺を図ったらしいということです。

　事例8-3は，某国立大学の法科大学院で実際に起きた事件をアレンジしたものです。同性に恋愛感情を抱くことを**同性愛**（homosexuality）といいますが，同性愛は自然に反するものであるとして，同性愛者間の性行為は法律で禁止され，刑罰が科される国や時代がありました[11]。日本でも，明治時代の一時期に，男性同士の肛門性交を刑罰で禁止していました。また，精神医学では，同性愛は病理現象とみなされ，大正時代にはドイツの精神医学者のR. フォン・クラフト－エビングの書いた *Psychopathia Sexualis* が『変態性慾心理』という題名で訳されたりしました。

　このように同性愛は，自然に反する変態性欲とみなされていたのですが，それは同性愛と対極をなす男女同士の性愛，すなわち異性愛（heterosexuality）を正常，自然のものとみなすことの反映です。しかし，1960年代からは，一般によくいわれる「男らしさ」「女らしさ」は社会的・文化的に生み出された規範に過ぎないとして，これを生物学的な性（sex）から区別して**ジェンダー**（gender）の概念

11）　詳細は，三成美保「はじめに」（2015, 同編著『同性愛をめぐる歴史と法──尊厳としてのセクシュアリティ』明石書店）や，風間孝・河口和也「歴史の中の同性愛者たち」（2010, 同『同性愛と異性愛』岩波書店）を参照。

で説明することが定着してきました。また，異性愛が正常で同性愛が異常という考え方自体が反自然的な考え方で，人間誰でも同性に恋愛感情を感じることはありうることで，そのような性に関する指向，関心，魅力などの問題は**セクシュアリティ**の問題であって，各人の自由に任されるべき問題であるとの議論がされるようになってきました。さらに，最近では，これまで生物学的に自明のものとされてきた男女二分論自体が歴史的産物であって，実際には両性具有者や，どちらの性にも分類できない者もいるし，また，身体の性と心の性が一致しない場合，性転換手術により男性から女性へ（male to female: MtF）や女性から男性になる（female to male: FtM）もあるなど，性の概念自体が揺らいでいます。

　性に関する問題は，個々人の人格に深く関わる問題であって，国家権力や社会が，あるものを正常なものとして，それにあてはまらないものを異常として排除するような性格の問題ではなく，個人の人権に関わる問題であることが次第に自覚されるようになってきました。ひところは性的マイノリティの人権問題というような言い方もされてきましたが，「マイノリティ」という用語は，多数者が正常で，少数者が異常のように捉えられかねません。また，各種調査からすると，日本でも800万人程度は，性的マイノリティにあたる人がいるとも推計されていますので，ものすごく「少数者」というわけでもありません。そこで，ここ数年は，日本でも **LGBTI**（Lesbian Gay Bisexual Transgender Intersex）という言葉が使われるようになってきました。しかし当事者のなかには，このような分類にもしっくりこないと感じる人もいて，国連などでは，もっと色々な人を包括できるようにSOGI（ソジ；Sexual Orientation Gender Identity）という言葉が使われるようになってきました。[12]

2 セクシュアリティと社会

　ところで事例8-3で，ジロウはアキオから恋愛感情を告白された際に，なぜ「気持ち悪い」と思ったのでしょうか。これはホモフォビア（同性愛嫌悪）の反映といえます。ホモフォビアとは，異性愛が正常であり自然であるとされる社会において，自己が正常な人間に分類されるために，その対極である同性愛が自分とは無関係であることにしたいという心理が無意識に働き，同性愛を嫌悪する感情です。しかしこの嫌悪感は自然な生理的な嫌悪感というよりも，社会のなかで作られた嫌悪感の反映です。

　性的指向は個々人によって多様であって，その多様性を認めることこそが個人の尊重につながるわけですが，そのような社会的意識が十分に確立していない社会では，同性愛者が自らの性的指向を公言すること（これを**カミングアウト**といいます）には困難が伴います。精神医学の世界では，同性愛者の青少年が自殺する確率はそうでない青少年の5倍に達するという研究も発表されています[13]。臨床心理学の分野では，同性愛者などの心理的支援のあり方の実践的研究も進展してきています[14]。それだけ，自己の性的指向をカミングアウトすることには精神的葛藤が生じるわけです。

　そして，上記の事例のアキオのように，本人が特定の相手に対して，自己の性的指向を打ち明けた場合に，本人の同意なくその内容が他の人に伝えられることを**アウティング**といいます。アキオはジ

12）　二宮周平（2017）．「序　性のあり方の多様性」同編『性のあり方の多様性――一人ひとりのセクシュアリティが大切にされる社会を目指して』日本評論社

13）　日高庸晴（2000）．「ゲイ・バイセクシュアル男性の異性愛者的役割葛藤と精神的健康に関する研究」『思春期学』18（3），264-272.

14）　針間克己・平田俊明編著（2014）．『セクシュアル・マイノリティへの心理的支援』岩崎学術出版社

ロウにカミングアウトをしただけであって，それ以外の人に対して自己の性的指向を公言したわけではありません。しかも，まだまだ同性愛に対する偏見，ホモファビアが社会に存在することを考えると，アウティングによってアキオは，不特定多数の人から嫌悪や好奇な目でみられる不安にさらされることになります。このようにアウティングは性的なプライバシーの侵害ともいえる人格権侵害にもなる行為なのですから，そのようなことがないような教育や，そのようなことが起こった場合に，適切に問題を処理することが大学にも求められています。事例8-3の元になった事件では，被害者の両親がアウティングを行った友人と不適切な対応を行った大学に不法行為責任に基づく損害賠償請求をしています（2017年2月27日東京地方裁判所判決）。

同性愛をめぐる初期の裁判としては，同性愛者の団体（「動くゲイとレズビアンの会」。通称「アカー〔OCCUR〕の会」）が東京都の宿泊施設を利用しようとしたところ，同性愛者の団体による利用は愛情をもつ者同士が同室することによって性的行為に及ぶ可能性があり風紀を乱すという理由で利用を拒否されたことに対して，利用不許可の違法性を争ったアカーの会事件があります。一審，二審とも利用拒否には合理性はなく違法であるとしました。[15]

3 広がりゆく婚姻の多様性

現在は異性同士にしか認められていない婚姻を同性同士にも認めるべきだという**同性婚**の主張も最近よく聞かれるようになりました。

---

15) 東京地方裁判所1994年3月30日判決・判例タイムズ859号163頁，東京高等裁判所1997年9月16日判決・判例タイムズ986号206頁。詳細は，前掲11)の風間・河口（2010）「第2章 法廷に出された差別」参照。

16) ジェンダー法学会第15回学術総会では，「LGBTI（性的マイノリティ）の権

法学会でもこのテーマを取り上げて検討しています。婚姻届を出し[16]たカップルには，婚姻上のさまざまな法的効果（婚姻費用分担義務，相続権など）や税法上，社会保障法上のさまざまな利益，権利が生じます。また離婚の場合にも財産分与制度など，当事者の利益を調整する規定が存在します。憲法24条1項の規定する「婚姻は，両性の合意のみに基いて成立し」の両性は，男と女と限定して読むのではなく，両当事者の性と解釈すれば同性婚を排除するものではありません。また憲法は同条2項で「配偶者の選択，財産権，相続，住居の選定，離婚並びに婚姻及び家族に関するその他の事項に関しては，法律は，個人の尊厳と両性の本質的平等に立脚して，制定されなければならない」とも規定していますから，「個人の尊厳」の観点から多様な性のあり方を認め，婚姻制度を同性間にも開放することにとって，憲法は障害にならないどころか，それを許容する根拠になるともいえるのではないでしょうか。

　自治体のなかには，同性パートナーシップを自治体として認定する条例（東京都渋谷区）を策定し，同性カップルを社会的に支援する仕組みを作る動向も出てきています。[17]ちなみに，事例8-3の元となった事件で遺族側の訴訟代理人を務めている弁護士は，事実上の同性婚を実践しています。[18]

 ブックガイド

前田達明（1985）．『愛と家庭と――不貞行為に基づく損害賠償請求』成文堂

　利保障」というテーマでのシンポジウムを行い，そのなかで同性婚を取り上げた。

17)　棚村政行・中川重徳編（2016）．『同性パートナーシップ制度』日本加除出版
18)　南和行（2015）．『同性婚――私たち弁護士夫夫です』祥伝社

不貞慰謝料に関する日本の判例分析，欧米との比較法的検討をしつつ，不貞慰謝料は認めるべきでないという著者の私見を展開する。

角田由紀子（2013）.『性と法律――変わったこと，変えたいこと』岩波書店
　　著者はフェミニズムやジェンダーの理論にも詳しい弁護士である。性に関する法律上の問題点を結婚と離婚，ドメスティック・バイオレンス，女性労働，性暴力，セクシュアル・ハラスメント，売買春など多角的に検討している。

若尾典子（2005）.『女性の身体と人権――性的自己決定権への歩み』学陽書房
　　憲法学・ジェンダー法学を専門とする著者が女性の身体と人権の関わりを性的自己決定権の視点から論じる。

二宮周平編（2017）.『性のあり方の多様性――一人ひとりのセクシュアリティが大切にされる社会を目指して』日本評論社
　　同性パートナーシップや同性婚，教育や労働分野での性の多様性を尊重することが社会に有する意義を論じる。

風間孝・河口和也（2010）.『同性愛と異性愛』岩波書店
　　日本社会における同性愛に対する差別や偏見，それらを克服するための課題を論じる。

第9章 心の傷
事件・事故によるトラウマ

キーワード　PTSD，外傷的出来事，再体験，性暴力，トラウマ，児童期の性的虐待，時効，除斥期間，不法行為の時，レジリエンス，心の傷，性的人格権

● 学習内容

　本章では，心の傷に関わる法の問題を取り上げます。1990年代後半から日本でも注目されるようになったPTSD（心的外傷後ストレス障害）が交通事故，性暴力被害，物の毀損に対する損害賠償請求訴訟でどのように取り扱われているかを扱います。また，心の傷の問題が時効との関係でどのような問題として論じられているのか，論じられるべきなのかも検討します。

1 交通事故とPTSD

1 PTSD

事例9-1　消えない交通事故のトラウマ　ハナコは，夫のアツシの運転する車の後部座席で生後3カ月の長女チナツを抱いて座っていました。赤信号で停止したこの車に後ろから居眠り運転のワゴン車が後部座席右側に激突し，チナツはハナコの腕から離れて車のフロントガラスに頭から激突し即死，アツシも打ち所が悪く病院収容後に間もなく死亡し，ハナコは肋骨，右足骨折等の重傷を負いました。事故から3カ月ほどして，怪我の方はだいぶ良くなったものの，ハナコは，事故の日のこと，とりわけ，チナツが自分の腕をすり抜けて自動車のフロントガラスに頭から激突して血だらけになってしま

った光景を忘れることができません。車に乗ることも怖くなり，タクシーやバスにも乗れなくなってしまいました。不眠が続き，食欲も減退し，仕事はおろか，食事を作ることさえ面倒で，何もせずに家に閉じこもる日が続いています。病院では，PTSDと診断されました。

　PTSD[1]とはアメリカの精神医学で1960年代以降，ベトナム戦争からの帰還兵の抑うつ症状やレイプなどの性暴力被害の研究のなかで発達してきた概念でPost Traumatic Stress Disorderの略称です。日本語では「心的外傷後ストレス障害」などと訳されています。日本でもよく参照されるアメリカ精神医学会（American Psychiatric Association）の『精神疾患の分類と診断の手引き［第4版]』（*Quick reference to the diagnostic criteria*，DSM-IV-TR。以下，単にDSM-IVと略す）は，PTSDの診断基準を次のように示していました。

A. 外傷的出来事への曝露　　PTSDと診断するには，患者が，「実際にまたは危うく死ぬないし重傷を負うような，あるいは自分または他人の身体的保全がおびやかされるような，1つまたは複数の出来事を，その人が体験したり，目撃したり，直面した」ことが必要である。そして，その際，患者が「強い恐怖，無力感と戦慄」を感じたことが必要である。

B. 再 体 験　　次に，「イメージや思考または知覚を含む，出来事の反復的で侵入的かつ苦痛な想起」「出来事についての反復的で苦

---

1)　PTSDについてわかりやすく解説したものとして，小西聖子『インパクト・オブ・トラウマ——被害者相談の現場から』（1999，朝日新聞社），村本邦子「臨床心理学から」（2006，二宮周平・村本邦子編『法と心理の協働——女性と家族をめぐる紛争解決へ向けて』不磨書房），宮地尚子『トラウマ』（2013，岩波書店）など。

痛な夢」，フラッシュバックのように，「外傷的出来事が再び起こっているかのように行動したり，感じたりする」などの**外傷的出来事**の**再体験**が少なくとも1つ以上の形で持続していることを要する。

C．外傷に関連する刺激の持続的回避と外傷以前にはなかった反応性の麻痺　　外傷に関連する思考，感情，会話を避けようとする努力や，外傷を思い出させる活動，場所，人物を避けようとする努力，外傷の重要な場面の想起不能など，外傷に関連する刺激を持続的に回避し，外傷以前にはなかった反応性の麻痺が存在することが必要である。

D．外傷以前には存在しなかった持続的な覚醒亢進症状　　入眠，睡眠維持の困難，怒りの爆発，集中困難，過度の警戒心，過剰な驚愕反応などの持続的な覚醒亢進症状が2つ以上あること。

E．症状の持続期間　　上述B，C，Dの症状の持続期間が1カ月以上であること。

F．機 能 障 害　　機能障害が，臨床上強い苦痛または社会的，職業的，ないし他の重要な領域における機能の障害を引き起こしていること。

　なおDSM-IVは，2013年5月にDSM-5として改訂され，外傷的出来事のなかに，「実際に性暴力（sexual violence）に遭う，または危うく性暴力に遭いそうになるような出来事」が加えられていま[2]す。

---

2) American Psychiatric Association (2013). *Diagnostic and statistical manual of mental disorders: DSM-5*, p. 271.

2 PTSDと裁判

　日本では，1995年1月に発生した阪神・淡路大震災の際にマスコミでも取り上げられるようになり，裁判では交通事故の分野で被害者の被害の深刻さや現在の症状と事故との因果関係，治療費や慰謝料額の増額要素としても原告がこの概念を利用するようになりました[3]。裁判のなかで初めてPTSD被害を認定した事案は，被害女性が18歳の高校生のときに当時交際していた男性が運転する車の助手席に同乗していたところ，口論となり，つかみ合いの喧嘩になり，男性が運転を誤って花壇に車を衝突させ，車が2回転してようやく止まり，原告である被害女性が腰椎脱臼骨折，左下肢知覚障害等の大けがを負った事案についてのものです[4]。

　この事故から2年後，別の男性と婚姻して長男を出産したものの，その1年後に夫が肺がんで死亡し，事故後5年を経た現在，不眠，イライラ，頭痛，嘔吐，自傷行為などが続いていると主張しました。横浜地方裁判所は，被害女性は，当該交通事故により「死の恐怖を体験」し，本件事故を「再体験するようになった」もので，原告の「精神障害は交通事故の外傷体験によって引き起こされた重傷の心的外傷ストレス障害であるという鑑定の結果は信用性がある」として，その治療費や慰謝料の算定にPTSDであることを反映させました。

　この判決の後，PTSDを認定する交通事故裁判例が蓄積されていきますが[5]，他方で，死の恐怖まで体験したわけではないとして，

3）　PTSDと損害賠償についての裁判例を概観したものとして，松本克美「PTSD被害と損害論・時効論」（2003，『立命館法学』288，488–540.）

4）　横浜地方裁判所1998年6月8日判決・判例タイムズ1002号221頁

5）　大阪地方裁判所1999年2月25日判決・交通事故民事裁判例集32巻1号328頁，神戸地方裁判所2005年1月28日判決・交通事故民事裁判例集38巻1号90頁など。

PTSDの発症を否定する裁判例も出てきます。[6] 近時は,「PTSDの判断基準を満たさないからといって直ちに何ら精神疾患に罹患していないということにもならない」[7] として,PTSDの発症があったか否かという観点からだけではなく,どの程度の精神的損害が被害者に生じたのかという観点から損害を算定する判決も目立っています。

▌ 2 性暴力被害

> **事例9-2 スポーツ指導者からのレイプ事件** ユキコは実業団のバドミントン選手でした。バドミントン協会の役員も兼ねる指導者のタロウから部屋に呼ばれ,性的関係を強要されてしまいました。その後もタロウはユキコを呼び出しては,性的関係を強要することが続きました。ユキコにはコウタという恋人がいたのですが,結局,恋人とは別れ,またバドミントンを続ける気力もなくなり退部するとともに,退職を余儀なくされてしまいました。ユキコは,最初のレイプのときから3年近くを経て,タロウに対して不法行為責任に基づく損害賠償請求訴訟を起こすことになりました。

1 性暴力とPTSD

日本の損害賠償請求訴訟でPTSDが争われる2番目の領域は,レイプや強制わいせつなどの**性暴力**被害の領域です。性暴力被害は人目のない密室的な環境で行われることが多く,そもそも加害行為=被害の発生があったのか否かということが大きな争点となりま

---

6) 宮崎地方裁判所1999年9月7日判決・判例タイムズ1027号215頁など。

7) 東京地方裁判所2003年12月18日判決・交通事故民事裁判例集36巻6号1623頁。事案は,9歳の息子の死亡事故を目撃した母親からの損害賠償請求事件。いわゆる「目撃型」の事案である。

す。また，行きずりの暴力ではなく，加害者と被害者の間に継続的な人間関係がある場合には，必ずといっていいほど，加害者とされた男性側から「恋愛である」「合意があった」「虚偽の告白である」などと加害事実を否認する主張が出てきます。このような事案では，被害者がPTSDに罹患したと認定されることを通じて，なぜ，意に反した性的関係が継続されてしまったのか，また，なぜ最初のレイプ被害から時を経て提訴に至ったのかということの要因を合理的に説明するために用いられることがあります。

　事例9-2のもととなった事案では，被告男性側は，原告女性との性的関係は，原告に被告が誘われてのものであって強姦ではない，強姦であるならばその後の性的関係を継続するはずがない，最初に強姦された日から3年近くたって提訴するのも不自然であるなどと主張しました。これに対して，熊本地方裁判所は，強姦の事実を認め，300万円の慰謝料請求を認容しました。強姦の事実認定にあたっては，性暴力被害に関するPTSDに言及し，近時の研究によれば性暴力の被害者は「自分が恥ずかしいと感じる，自責の念が生ずる，無力感や卑小感が生じて自己評価が低下する，加害者に病的な憎悪を向ける，逆に加害者に愛情や感謝の念を抱く，自分が汚れてしまった感じを持つなどの症状がある」ことが指摘されており，そのような研究成果に照らしてみれば，原告の供述の信用性は高いとしています。[8)]

2 過去の性的虐待のトラウマ

　近時注目されている性暴力被害に**児童期の性的虐待**被害の問題があります。釧路地方裁判所で争われた事案に，3歳から8歳までの

---

8)　熊本地方裁判所 1997 年 6 月 25 日判決・判例時報 1638 号 135 頁

間に，自宅にときどき遊びに来ていた叔父から強制わいせつ行為，最後にはレイプまでされた女性が，30歳代になって，加害者である叔父の不法行為責任に基づく損害賠償請求をしたというものがあります（釧路事件）。なぜそのような被害にあったときから20年以上も経て提訴に至ったかというと，2011年3月に起きた東日本大震災の際に，PTSDのことがよく報道されるようになり，その頃，不眠や抑うつ症状，自殺念慮などに苦しんでいたその女性が，もしかしたら，自分の今の精神症状が過去の**トラウマ**に原因があるのではないかと考え，精神科医の診断を受け，幼児期の性的虐待被害について医師に話したところ，結局，現在の精神症状は，児童期の性的虐待に起因するPTSDと抑うつ症状であると診断されたのです。そこで，彼女は，両親とともに，その叔父を呼び出し，過去の加害行為を問いつめたところ，その叔父はその事実をおおむね認め，慰謝料として500万円支払うことを約束しながら，それを履行しないために，提訴に至ったのです。

　しかし，釧路地方裁判所は「除斥期間」の経過を理由に原告の請求を棄却する判決を下しました。[9] 不法行為責任に基づく損害賠償請求権は被害者が「損害及び加害者を知った時から3年間」の消滅時効にかかることは前述しました（改正前民法724条前段）。しかし，この規定だけですと，損害および加害者を現実に知らない場合には，いつまでも損害賠償請求が可能ということになり，法的関係が不安定になります。そこで，「不法行為の時から20年を経過したときも，同様とする」という規定が同条後段に定められています。明治時代

---

9) 釧路地方裁判所2013年4月16日判決・判例時報2197号110頁。なお本判決の詳細の検討は，松本克美「児童期の性的虐待に起因するPTSD等の発症についての損害賠償請求権の消滅時効・除斥期間」（2013,『立命館法学』349, 1069-1111.）に譲ります。

にこの規定が起草されたときには，前段と同じく**時効**という意味で規定が作られたといわれています。ところが，最高裁判所は，平成元年にこの20年期間の法的性質は時効ではなく**除斥期間**であって，時効と違って当事者（被告）が援用する必要もなく，時の経過により損害賠償請求権を法律上当然に消滅させる制度であって，時効のようにその主張が信義則違反や権利濫用で制限されることもないというきわめて硬直的な判断を示しました。なお改正民法ではこの20年期間をあらためて時効と明示しました（724条2号）。上述の硬直的な判例を否定したわけです。ただし改正民法の経過規定では改正民法施行の時点で既に20年期間を経過しているときの期間の制限については「なお従前の例による」としています（附則35条1項）。

3 時効の起算点

さらに問題となるのは，**不法行為の時**から20年というその起算点の解釈です。従来の裁判例・学説は，これを加害行為の時点と解する「加害行為時説」と，損害発生の時点と解する「損害時説」によって対立してきました。この点で重要な判断を示したのが2004年に出された筑豊じん肺訴訟最高裁判所判決です[10]。

じん肺というのは，炭坑や鉱山，トンネル工事現場，造船所などで発生する粉じんをそこで働く労働者が吸い込むことによって罹患する職業病の一種です。呼吸器を通じて肺に蓄積された粉じんは体内から排出されることなく蓄積していって，長期間を経て呼吸器系等の疾患やがんなどを発症させ死に至ることもあります。このじん肺症の進行度合いは個々人によって違います。じん肺症については，じん肺法が特別な労働者災害補償保険給付制度を定めていて，粉じ

10）　最高裁判所2004年4月27日判決・最高裁判所民事判例集58巻4号1032頁

ん職場では特別な健康診断が義務づけられ，じん肺症の程度に応じて管理区分二〜四の行政上の各決定の通知がなされ，その症状の重さに従って労災保険が給付されます。

　じん肺症をめぐる損害賠償請求訴訟では，従来，各管理区分の通知が発せられるごとに各管理区分の損害がその時点に発生し，その損害についての賠償請求権の消滅時効がそれぞれ進行するとされてきました。そして，筑豊じん肺訴訟では，「不法行為の時から20年」の「不法行為の時」とは，加害行為が終了した時点（粉じん職場を離れた時点）なのかが争われましたが，最高裁判所はじん肺症のように加害行為から長期間を経て損害が発生する場合の「不法行為の時」とは，損害の発生時である，そう解さないと「被害者に酷」で加害者は自ら与えた損害の性質上，長期間を経て賠償請求されることを「予期すべき」であるという画期的な判断を示しました。

　この考え方を釧路事件にあてはめますと，不法行為の時とは，加害行為が終了した8歳の時点ではなくて，30代になってPTSD等となって発症している症状の原因が児童期の性的虐待に起因するとの医師の診断が下された時点と考えられるのではないでしょうか。二審の札幌高等裁判所は，PTSDは8歳の頃に発症していたから，その時点が不法行為の時であると認定しましたが，うつ病と診断されたのは30代になってからなので，その時点に損害が発生し，その時点が20年期間の起算点である「不法行為の時」であるとして，うつ病被害についての損害賠償は認容しました。[11] PTSDについての賠償は認めなかった限界はあるものの，請求額4000万円に対して認容額は3000万円ですから，これまで知られた性的虐待事件では最高額です。なお，被告は上告しましたが，上告は棄却され，控訴

11)　札幌高等裁判所 2014 年 9 月 25 日判決・判例時報 2245 号 31 頁

審判決の内容で確定しました。[12]

　なおドイツでは，2001年の民法改正の際に，性的自己決定侵害の損害賠償請求権については，その権利行使の困難性に配慮して，被害者が満21歳になるまで時効は停止するという規定を作りましたが，さらに，2013年には，故意による性的自己決定侵害の場合には，満21歳になった後の短期消滅時効（3年）の適用を排除する時効法改革を行い，その結果，被害者の損害賠償請求権は満21歳から30年の消滅時効にかかるのみとなりました。つまり満51歳までは時効は完成しないのです。刑事に関する時効も満50歳まで完成しない改革も行っています。日本でも，少なくとも児童期の性的虐待に関する損害賠償については，このように被害者の**レジリエンス**（自己回復力），エンパワーメントを阻害しない時効法改革を特別に検討すべきではないでしょうか。[13]

3　かけがえのない物の喪失と心の傷

1　精神的ショックによるPTSD

事例9-3　すりかえられたダイヤモンド　ヒロシとシズカは，今年結婚50周年を迎えます。以前，ヒロシはシズカのためにダイヤモンド甲を1000万円で購入しましたが，結婚指輪のリングが傷んできたので，リングを新しく買い求め，そこに甲を取り付けてもらうために，有名百貨店Pに入っている宝石店に行きました。2人はプラチナのリングを選び，そこに"SHIZUKA"と名前を刻んでもらう

---

12)　最高裁判所2015年7月8日判決・家庭の法と裁判4号66頁
13)　ドイツ法の改革については，松本克美「民事消滅時効への被害者学的アプローチ——児童期の性的虐待被害の回復を阻害しない時効論の構築のために」（2017，『被害者学研究』27，30-41.）も参照されたい。

ことも頼み，甲を店に預けました。リング代と加工代金は合計15万円でした。リニューアルが終わったという連絡を受け，シズカが預けた指輪を受け取りに行きました。ところがはめてみると，どうも前にはめていた感触と違います。そこで，念のため，専門家に仔細に鑑定してもらうと，ダイヤモンドは偽物のジルコニアにすり替えられていました。店では，なぜそうなったのかわからないというばかりです。

シズカはショックのあまり寝込んでしまいました。そののち，シズカは百貨店Pを相手取って，店に預けた甲の価値相当の1000万円の損害賠償と精神的苦痛として慰謝料1000万円を請求する裁判を起こしました。裁判所には，シズカがショックのあまりPTSDに罹患したとの医師の診断書が提出されています。

事例9-3のもとになったのは実際の判例です。[14] 東京地方裁判所は，「原告は，本件ダイヤモンドが返還されないことや，その後の被告らの対応により，精神的ショックを受けて，血圧上昇，めまい，心拍数の増加等の症状が出現し，自律神経失調症と診断され，さらには，PTSD状態と診断されて，出廷すらできない状態となっている」という事実認定をしました。そのうえで，「原告にとって，本件ダイヤモンドは数ある宝石のうちの一つではなく，夫婦の記念の品として肌身離さず身に着け，将来は自分の子供たちに受け継いでいきたいとの想いを有していたものであり，本件ダイヤモンドに対して特別の愛着を持っていたことが認められる」「宝飾品のリフォームに宝石を寄託した際に，これが偽物にすり替えられて返還されないことは希有なことであり，我が国有数の百貨店である被告を信頼して本件ダイヤモンドを寄託した原告らが受けた衝撃は著しいものであったと認められる」として，原告は「精神的利益や平静を著

---

14)　東京地方裁判所2007年2月15日判決・判例時報1986号66頁

しく害されたものであり，この精神的損害は，本件ダイヤモンドが返還され，又はその財産的価値がてん補されたとしても，てん補されないものと認められ，その損害を慰謝するためには各100万円をもって相当と認める」と判示しました。

前述したように，本来，PTSDは，死ぬような恐怖を味わった場合に発症するものとされています。預けたダイヤモンドが偽物にすり替えられたという事実は，PTSDを発症させるような外傷的出来事には当たらないでしょう。しかし，この事件によって，原告の女性に，医師の診断書に書かれているような血圧上昇，めまい，心拍数の増加等の症状が出現し，自律神経失調症と診断され，「PTSD状態」（PTSDそのものではないが，それに似た症状）となるまでの大きな精神的ショックを受けたことを認定して，請求額の1割の100万円の慰謝料を認めたわけです。この判決はそのような慰謝料を認めるためのキーワードとして，すり替えられた宝石への「特別の愛着」，日本有数の百貨店である被告を「信頼」して預けた宝石が偽物にすり替えられた「衝撃は著しいもの」で，そのことにより，原告は「精神的利益や平穏を著しく害された」ことを挙げています。

2 愛着に対する慰謝料

人の生命，身体，健康の侵害，すなわち人身損害が発生したのではなく，物が壊されたなどの財産的損害のみが生じた場合に，それとは別に慰謝料も請求できるのかという問題については，財産的損害が賠償されたら，それによって精神的苦痛も癒されるから，それとは別に慰謝料は請求できないとするのが判例の原則的立場です。

しかし，事例9-3のように特別に愛着を感じているものが失われたような場合には，例外的に，財産的損害に対する賠償とは別に慰謝料が認められる場合があります。他の事例としては，阪神・淡路

大震災を経験した原告が耐震性の高い建物にしてほしいと住宅の新築を注文したら，ひどい欠陥があったという事例で，原告は裁判で争っている前後の7年以上も，欠陥のある「本件建物に居住し，不快で非健康的な生活を送ってきた」ことと，「念願の自宅を新築したものの（中略）建築後も前記認定の数多くの瑕疵の存在が判明し，大きな打撃を受けた」として900万円の慰謝料を認定した事例などがあります。[15]

　近年では，可愛がっていたペットが病気になり，動物病院で治療を受けたり，手術を受けたりしたのに，誤診や不手際で死んでしまったような場合に慰謝料を認める事例なども増えているといわれています。愛着のあるペットの死亡により心に大きな喪失感が生まれ，うつ状態になってしまったりするような場合をペットロス症候群といったりもします。大阪地方裁判所は，支払う必要のない治療費，手術代，弁護士費用合計約100万円のほかに，愛着のある飼い犬が死亡させられたことによる慰謝料として15万円を認容しています。[16]

▎**4　心の特性に即した法理論の構築に向けて**

　第Ⅲ部では，民事法と関連する法と心理の問題を取り扱いました。
　法学や法実務の分野では，ここで問題にしたような被害者の心理の問題も，被害者感情や被害者意識というような観点から少ないながらも言及されてきました。しかし，心理学の成果を踏まえて，そ

---

15)　神戸地方裁判所2004年11月29日判決・消費者のための欠陥住宅判例3集29頁。欠陥住宅被害と慰謝料については，松本克美「欠陥住宅訴訟における損害調整論・慰謝料論」（2003，『立命館法学』289，64-98.）参照。
16)　大阪地方裁判所2017年4月14日判決

れを学問や実務に取り入れるという視点は，性暴力被害やDV問題，離婚をめぐる当事者あるいは親子間の葛藤などが問題となる家族法実務などの領域を除けば，あまり十分ではありませんでした。

しかし，第7章で検討したような消費者被害，第8章で検討したようなセクシュアリティが問題となる法律問題，本章で検討した**心の傷**の問題について，被害の特性と被害者のニーズに即した法理論，実務を進化させていくには，心理学との協働が欠かせません。

本章では，それ自体として取り上げるスペースがありませんでしたが，命や健康，**性的人格権**などのかけがえのないものが損なわれた場合でも，裁判で争うと「金いくら支払え」という形にしかならない金銭賠償主義の意義をどう考えるかとか，法律相談と心理相談の違いをどう考えるかなど，法と心理に関わるテーマはさまざまあります。

皆さんが本書を契機にして，さまざまな法と心理の交錯問題を発見し，その理解を深めていかれることを期待しています。

📕 ブックガイド

小西聖子（2001）．『トラウマの心理学——心の傷と向きあう方法』日本放送出版協会

　著者はこの分野における日本のパイオニア的研究者である。暴力，虐待，DVなどによるさまざまなトラウマの事例を紹介しながら解説している。

森田ゆり（2008）．『子どもへの性的虐待』岩波書店

　著者がアメリカで実践，研究してきたことをふまえ，性的虐待が子どもに及ぼす影響，アメリカでの支援例などを紹介している。

宮地尚子（2013）．『トラウマ』岩波書店

　精神医学者である著者はトラウマとは何かをジェンダーの視点なども取り入れながら，わかりやすく解説している。

二宮周平・村本邦子編（2006）．『法と心理の協働――女性と家族をめぐる紛争解決へ向けて』不磨書房

　　法と心理の協働の必要性，実践例をアメリカ調査も踏まえて多角的に論じる。

第 IV 部

司法臨床

_第**10**_章 司 法 臨 床
法と心理臨床の協働

キーワード　家庭裁判所，家庭裁判所調査官，非行臨床，家族臨床，
少年事件，家事事件，司法的機能，心理臨床的機能，生身の人間，法
と心理臨床のコラボレーション

● **学習内容**

　法と心理臨床の協働によって，非行少年の立ち直りを援助したり家族
の紛争を解決に導いたりする「司法臨床」の方法について，家庭裁判所
と家庭裁判所調査官（以下，家裁調査官）を取り上げて具体的に学びま
す。そのために，法と心理臨床のそれぞれのものの見方や特徴的な機能
を理解しましょう。第11章「非行臨床」と第12章の「家族臨床」の基
礎にもなります。

1　地方裁判所と家庭裁判所

　司法の基本的役割は，刑事裁判では罪を犯した人たちの刑罰を決
めたり，民事裁判では第三者間のトラブルを法的に解決したりする
ことだといえるでしょう。

　刑事裁判で犯罪者に刑罰を与える目的は，国家が被害者に代わっ
て応報する側面（応報刑）と，刑罰によって犯罪を抑止したり，犯
罪者の再犯を防止しようとする側面（目的刑）があります。日本で
は2005年の「刑事収容施設及び被収容者等の処遇に関する法律」
によって，犯罪者の更生を目的とする教育刑を標榜しましたが，そ

197

の土台にはやはり応報的側面があることは否めないでしょう。

　民事裁判では，双方当事者から提出された資料や証拠をもとに裁判官が判決を下します。ただし，それは提出された書面による判断であり，実際はどちらが正しいのかを見極めているとはいえません。さらに，その判決によって当事者のトラブルを実質的に解決することは想定していません。

　すなわち，地方裁判所などで行われる刑事裁判や民事裁判は，それぞれの法律を基準とした規範を示しているだけで，犯罪者の更生のための方法やさまざまなトラブルの実質的解決を志向しているわけではありません。

　それに対して，1949年に創設された日本の**家庭裁判所**は，その名の通り，家族の紛争解決や家族関係と密接に関連した少年非行を扱うという，家族と子どもに関するさまざまな紛争や問題に対処するために生まれた新しい裁判所です。少年事件においては，非行少年の処分を決定するための調査や審判のプロセスで，**家庭裁判所調査官**（以下，家裁調査官）と少年や保護者らとの関わりを通して少年の更生を目指します。家事事件においては，調停委員や裁判官で構成される家事調停で家族の紛争の実質的解決をはかることが特徴です。

　筆者は，家裁調査官として関わった数千例の**非行臨床**と**家族臨床**の臨床実践例の検証をもとに，司法的機能と心理臨床的機能の両者の交差領域に浮かび上がる問題解決機能によって，**少年事件**や**家事事件**にアプローチすることを**司法臨床**と定義しました[1]。さらに，司法臨床とは，司法と心理臨床の機能的分業による連携や協力に留まらず，司法と臨床の対等性に基づく両者のダイナミックな相互交流のプロセスによる協働によって実現する概念であることを実証し，

---

1) 廣井亮一（2004）．『司法臨床入門──家裁調査官のアプローチ』日本評論社

その両者を有機的に統合した高次のユニットとして司法臨床の方法論を構築しました[2]。

第Ⅳ部では，主に家庭裁判所における少年事件と家事事件への家裁調査官のアプローチをもとにしながら，司法臨床の実際を解説したいと思います。

2 司法臨床とは

1 司法臨床の目的

事例 10-1　A 少年 18 歳　公務執行妨害事件　A 少年は，中学 2 年時の初発非行以来さまざまな非行を繰り返して，保護観察，少年院送致などの保護処分を受けてきました。それでも少年はいっこうに更生せず，18 歳時に，少年院を仮退院中に無免許で自動車を運転し，交通取締中の警察官を振り切りパトカーにその自動車を衝突させて逃走し逮捕され，再び少年鑑別所に収容されました。

　警察，検察庁，少年鑑別所の処遇意見は，いずれも 18 歳の少年に責任を自覚させるために検察官送致相当の意見でした。今までの少年調査記録をみると，少年が非行を起こすたびに，両親は少年をかばい続け，警察や家庭裁判所に懇願して適切な処遇を逃してきたことが窺えました。本件でも，両親の態度はまったく変わらず，少年の現実に目をそむけているようでした。家裁調査官は，このような両親の少年に対する関わり方が変わらない限り，家庭裁判所が少年をいくら厳しい処分にしても処遇の効果は上がらないと思いました。

　本件審判でも，相変わらず両親は軽い処分にするように裁判官に懇願し，少年はそれをよそ目に上の空で何も自覚していないようでした。そこで，家裁調査官は，少年を試験観察（家裁調査官が少年

2)　廣井亮一（2007）．『司法臨床の方法』金剛出版

に処遇的関与をしたうえで最終処分を決める中間的処分）にする意見を提出しました。

　試験観察に決定され自宅に戻った少年は，1週間後にバイクを無免許運転し物損事故を起こしてしまいました。家裁調査官は即日，少年と両親を家庭裁判所に呼び出して，少年を少年鑑別所に戻しました。

　少年を少年鑑別所に戻した後に，家裁調査官は両親と面接をして，試験観察開始から無免許運転までの1週間の少年の生活と両親の関わりを振り返ってもらいました。少年が夜遊びを続ける生活と両親が黙認するだけの状態を冷静に直視してもらいました。そのときの両親はとても真剣でした。

　最終審判では，家裁調査官は少年を長期少年院に送致する意見を述べました。裁判官に意見を求められた両親は，少年をしっかりみつめながら，「今日は，私たちがこの子を少年院に見送るために来ました」とはっきりと述べました。そのとき，少年は初めて審判で涙を流しながらうなずきました。

　少年が長期少年院に送致された後，両親は少年院で少年との面会を続け，今までの罪を償うように諭したということです。少年は今までの処分ではみられなかったほどの教育効果があがりました。

　「非行臨床」を扱う第11章で詳述しますが，少年審判は罰を下すことが目的ではなく，少年がその事件をきっかけに立ち直ることができるように援助することが目的です。ただし，少年事件とはいえ犯罪であるかぎり，少年の罪を不問に付すことはできません。罪を自覚させてその責任を明確にすることも必要です。

　しかし，事例10-1のA少年にみられるように，裁判官がどれほど罪の重さを指摘し厳罰を下したとしても，当の少年に責任を自覚する準備状態がなく，また，保護者がそれをないがしろにするような対応を続ける限り，何度，少年院に送致しても矯正教育の効果は

あがりません。刑事処分にして刑事罰を下しても，再犯は続くことでしょう。

依存症の患者とその家族関係には，患者が症状を治そうとするときの苦しみを家族が先取りして，その苦しみを緩和させるかのような関わりを繰り返すことがよくみられます。そうすると患者の治療が無に帰してしまうのです。そのような患者と家族には，いわゆる「底をつく体験」が必要になります。「底をつく体験」とは，患者がどん底の状態まで落ち，今の状況を乗り切らざるをえないという真の自覚をもたせることですが，それを見守ることのできる家族のあり方も大切になります。

責任を自覚させるということについて，単に法的に罰を厳しくするだけではなく，心理臨床的にどのようにすれば少年に責任を付与することができるのかということを考えるのです。そうしたことが，家庭裁判所という司法機関で，少年や家族に対して臨床的に関与をすることの意味であり，「司法臨床」の意義だともいえるでしょう。

2 司法臨床の概念

司法臨床とは，**司法的機能**と**心理臨床的機能**の交差領域に浮かび上がる問題解決機能によって，子どもや家族の諸問題を適切に解決することであると定義できるでしょう。

司法臨床は狭義と広義に捉えることが可能です。狭義には，司法的機能と心理臨床的機能を制度的に併せもつ，日本の家庭裁判所における，少年事件や家事事件の調査および審判で展開される実践過程です。それに対して広義には，司法関連機関としての保護観察所，少年院，刑務所などや，児童相談所，学校，病院，その他多領域の機関との協働によって実現する心理臨床的な実践です。

さらには今後，地方裁判所においても犯罪や紛争の類型に応じて，

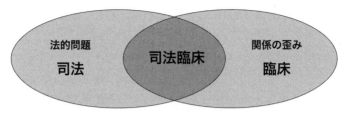

法的問題
司法

司法臨床

関係の歪み
臨床

図 10-1　司法臨床の概念

犯罪者の更生や隣人トラブルの実質的解決を目指すことが期待されます。たとえば，今後の司法臨床の展開の1つとして，刑事司法では，訴訟構造に基づいた今までの司法モデルから，犯罪者の再犯防止と治療に主眼を置いた「治療的司法モデル[3]」の構築などが挙げられます。

　このようにみると，現代社会が司法に要請するさまざまな問題や課題の解決については，狭義の司法臨床に留まらず，広義の司法臨床として取り組むことが求められているといえるでしょう。さらに世界的な動向としては，非行，虐待などの反社会的行動に対して，友人，家族，学校，地域社会を包括したMST（multisystemic therapy）による介入によって解決することが志向されています[4]。

　このような動向を踏まえて，あえて日本の家庭裁判所をもとに司法臨床について考えることの意義は，法と心理臨床を制度として取り入れた家庭裁判所の実践を再検討することで，司法における心理臨床の重要性と，さらに今後広く司法臨床を展開するために克服すべき問題や課題を見極めることにあります。

　司法臨床の概念は**図 10-1** のように示されます。

---

3)　指宿信（2012）.「治療的司法」廣井亮一編『加害者臨床』日本評論社
4)　Henggeler, S. W., Schoenwald, S. K., Borduin, C. M., Rowland, M. D. & Cunningham, P. B.（1998）. *Multisystemic treatment of antisocial behavior in children and adolescent*. Guilford Press.（吉川和男［監訳］2008.『児童・青年の反社会的行動に対するマルチシステミックセラピー（MST）』星和書店）

たとえば，離婚，DV，虐待，扶養問題，遺産相続争いなど，司法に関わる家族の問題や紛争は，夫婦，親子，親族という家族の関係の歪みによって起きます。それゆえ，そうした問題や紛争の解決のためには，法に焦点化したアプローチと同時に，その水面下にある関係の歪みにアプローチする必要があります。

　同様に，子どもを取り巻く，家族，学校，社会の歪みが非行や犯罪など少年の問題に現れるとすれば，その問題解決のためには，一連の司法手続きによるアプローチと同時に，家族や学校などへの介入が必要になります。このことが，子どもや家族に関する問題に，法と臨床による関与が求められる理由です。[5]

3　法的枠組みと心理臨床的枠組み

　ここまで述べた，法と心理臨床の機能が生じる，両者の基本的枠組みは**表 10-1** のように示されます。基本的枠組みとは，ものの見方，捉え方です。それが具体的な判断や関わり方につながります。①準拠の基準，②事実の捉え方，③時間軸，④境界の設定，⑤思考のプロセス，⑥認識の方法，の観点からまとめてみました。

1 法的枠組み

① **法的基準**　　裁判における判断と解釈の基準は法であるということです。法的な根拠に基づいて考えるという，法的思考の基礎をなすものです。

② **事実の法的構成**　　有罪・無罪の確定や権利・義務の関係に関連

---

5)　廣井亮一・中川利彦編 (2010)．『子どもと家族の法と臨床』金剛出版

表10-1　法と心理臨床の基本的枠組み

	①準拠の基準	②事実の捉え方	③時間軸	④境界の設定	⑤思考のプロセス	⑥認識の方法
法的枠組み	法的基準	法的構成	過去志向性	二分割的（白黒）	論理的整合性	直線的因果論
心理臨床的枠組み	個別的基準	多面的把握	未来志向性	非分割的（灰色）	ら旋的思考	円環的認識論（システム論）

（出所）廣井亮一『司法臨床の方法』（2007，金剛出版）を一部修正。

のある事実とそうでない事実を区別します。

③ **過去志向性**　　裁判の対象は，過去の行為としての事件や紛争の事柄です。将来にわたる問題や紛争の解決や調整は，二次的に考慮されるにすぎません。

④ **二分割的判断**　　法的判断では，有罪・無罪や権利・義務関係について明確にします。それらに関連する事実関係はあいまいなままにせず，明瞭な境界線を設定します。

⑤ **論理的整合性**　　法的結論に至るまでのプロセスは，いわゆる三段論法をもとにしたり，形式面ではデュー・プロセス（適法手続）として反映されます。

⑥ **直線的因果論**　　原因が結果を直線的に規定するという因果論に基づいています。犯罪事実の認定や当事者の責任を明らかにするための司法判断の根幹をなすものです。

2 心理臨床的枠組み

　心理臨床的枠組みは，「人とその関係」について対処するための思考法だといえます。心理臨床学は心理学の応用領域ですが，その方法論に大きな違いがあります。心理臨床学の特徴は，人間を人と

人との相互関係の所産として捉えて，動的にアプローチすることが特徴です。

　心理臨床学の学派はさまざまですが，その目的は，ある問題（課題）を解決（援助）するために「人とその関係」について対処することであるという点において共通しています。しかしながら，「人」や「関係性」をどのように捉えるかということは，そのもとになる人間観や世界観によって方向づけられるものですから，心理臨床学の枠組みを包括して定義づけることは事実上困難なことです。

　そこで，ここでは先に述べた法的枠組みと対比させることによって，心理臨床的枠組みの基本的なものの見方を捉えてみます。その際，家族全体や複数の対象者を扱うことを想定したモデルとして，主に家族療法に基づく観点を多く取り入れています。

① 個別的基準　　1人ひとり異なる個別性に準拠することが基本になります。また，人間を閉じられた個体としてではなく，関係性の所産であると捉えることも特徴的です。

② 事実の多面的把握　　事実をある側面に限定せずに，全体的なコンテクスト（文脈）において多面的に理解することです。事実（現象）のもつ多義性に着目するということです。

③ 未来志向性　　基本的な視線は，現在から未来に向けられています。過去をみるのも，基本的にはその出来事が今後いかなる影響を与えるのかという視点で捉えます。

④ 非分割的思考　　白黒の喩えでいうならば，心理臨床においてはむしろ灰色の領域を重視します。渾然とした現実世界を捉えるために重要な視点です。

⑤ ら旋的思考　　「揺らぎ」や「やわらかさ」を伴う，非線形的な思考過程であるということです。

⑥ 円環的認識論　　家族システム論の心理臨床的な認識の方法は円

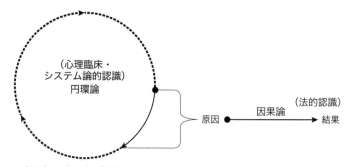

廣井亮一（2010）.「家族臨床における法的介入」日本家族心理学会編『家族心理学年報 28 家族にしのびよる非行・犯罪——その現実と心理援助』金子書房

図 10-2　直線的因果論と円環的認識論の関係

環的認識論を採用します。解決すべき問題を含むシステム全体を連鎖的な循環作用として捉えたうえで，そのシステムを変化させ新たな関係を導き出すためのものです。

　法の直線的因果論と心理臨床の円環的認識論の関係を図式的に示すと，**図 10-2** のようになります。心理臨床の視点は，問題を含む事象全体の円環的な連鎖関係を見極め，法の視点はその円環から「原因 → 結果」の因果関係を切り取り出していること（パンクチュエーション；punctuation）がわかるでしょう。パンクチュエーションは刑事裁判や民事裁判などで相手の有責性を問うための司法の根幹をなすものです。

4　司法臨床によるアプローチ

　司法臨床で展開される，法と心理臨床の機能は，少年や家族の問

題解決においてどのような作用を及ぼすのでしょうか。少年非行を
もとに具体的に検討します。

1 法の作用：非行行動への介入

① 激しい行動化の阻止

> **事例 10-2　止められなかった暴走行為**　ある中学校のスクールカウ
> ンセラーが，非行の初発段階の少年と面接をして，何とか非行を食
> い止めようとしましたが，少年は無免許運転をやめず，暴走族に入
> り暴走行為を繰り返すようになってしまいました。カウンセラーは
> カウンセリングの基本である，受容と共感だけでは対応できないと
> 嘆きました。

　多くの犯罪者は精神に破綻をきたさないために犯罪を起こすとい
われるように，非行少年も内に抱える激しい攻撃性，不安，葛藤な
どから自らを防衛するために非行という問題行動を起こします。

　非行少年の対応で困難なことの1つは，非行が繰り返されて徐々
に過激になってしまうことです。このような非行に対する阻止，禁
止という介入が必要になります。その点，非行という問題行動はそ
れ自体が法律と関係したものですから，非行少年の行動化に対して
は，法に基づく警告，保護，逮捕などの強制的措置の執行で対処す
ることができます。

② 問題行動の集団性への対応

> **事例 10-3　ホームレスを殺害した中学生の供述**　「街が汚いのは浮
> 浪者がいるせいだ。俺たちはそれを掃除しているんだ。町の美化運
> 動だ」「あいつらは仕事もしないでゴロゴロしているだけだ。生き
> ていたってしょうがないだろう。掃除は1人じゃ大変だから，皆で
> つるんでやっているんだ」

　1980年ころから中学生たちの集団によるホームレス襲撃が後を

絶ちません。ホームレスや弱者に対しての攻撃が現在の子どもたちの非行やいじめの特徴の1つです。そうした問題行動が集団性，共同性を帯びやすいということが，成人の犯罪に比して少年の非行の特徴として指摘されます。2016年度の少年事件の共犯率は23.0パーセントで，成人の9.9パーセントを大きく上回っています（平成29年版犯罪白書）。

　非行集団の形態は変化しており，少年たち1人ひとりの位置と役割が明確ではなく，自他未分化に絡み合ったアメーバ状の集団であることが特徴的です。リーダーを中心に組織化された集団から，気の合う少年同士でたむろする小集団へと変化しています。そのような集団性を帯びやすい少年非行に対処するためには，法の強制力で非行仲間との関係を遮断したり不良集団を解体したりすることが必要になります。

　そして現在は実際のグループというより，ネットでつながったグループ化が特徴的であり，その対処が困難になっています。

③ 改善意欲の乏しさへの対処　　非行少年は，問題行動を自らが改善しようとする意欲を初めから示すことはありません。当然，彼らも困難さや息苦しさを奥深くに潜ませているのですが，それを自覚して援助を求めようとはせず，逆に過激な反抗や問題行動を繰り返すという態度を示しやすいのです。

　このようなことから非行少年に対するアプローチにおいて最も困難なことは，少年との援助関係がなかなか形成できないことや，もともと少年本人と接触することすらできない場合もあるということです。

　法は，そうした非行少年に出頭を強制したり更生に向けたプログラムの実行を命令したりすることができます。保護観察など在宅処遇に決定された少年が保護司の指導に訪れるのは，指導を受けなけ

れば再び家庭裁判所の審判に付されるという法の強制力によるところが大きいのです。

　以上のような阻止，禁止，強制，命令という作用は，心理臨床やケースワークなどの援助関係においては一見忌避される権力的対応とみなされることが多いのですが，非行という問題行動への介入としてきわめて重要になります。

2 心理臨床の作用：「生身の人間」へのアプローチ

　非行少年に対する心理臨床的アプローチは，上記のような法的アプローチを行うときに欠かすことができないものです。法による行為の阻止，禁止，強制には，法を犯した者に対する「罰」が背後効果になっており，いかに正義にかなう対処だとしてもそれだけでは非行少年の更生にはつながりません。

　逆に，少年たちは，法が示す規範，罰を背後にした強制力に対して，反発や反抗をしたり表面を取り繕った態度をとったりして，再犯に陥ることが多くなります。そうした非行少年たちの反作用に心理臨床的機能が対処します。また，法によっていったん断ち切られた，少年と友人との関係を修復したり，家族関係の歪みを調整したりすることができます。このような，「人」や「人との関係」へのアプローチに心理臨床的機能の効果が発揮されます。

　事例 10-4　光市母子殺害事件　1999 年山口県光市で起きた元少年[6]（26）の母子殺害事件の差戻し控訴審（一審，二審で無期懲役判決）の公判で，遺族の夫は，「弁護人が代わった途端に君の主張が大き

---

6)　1999 年山口県光市で当時 18 歳の少年が主婦と幼女を殺害。一審，二審で無期懲役，最高裁で「死刑を選択するほかない」と二審を破棄し高裁に差戻し，2012 年に死刑が確定した。

く変わったことが，私を今最も苦しめています」と述べたうえで，
「君の言葉は全く心に入ってこない」と意見陳述しました。それに
対する被告人質問で元少年は，「（法廷では）モンスターのような僕
を見ている。生身の僕を見てもらいたい」と応えました（朝日新聞
記事 2007 年 9 月 21 日付）。

　このような法廷における被害者遺族と加害者のやり取りをみるに
つけ，被害者の血を吐くような苦しみが加害者に伝わらず，加害者
は生身の自分が被害者にわかってもらえないことにあえいでいます。
そのため被害者は，裁判における加害者の犯罪動機に納得せず，
「なぜ，おまえはかけがえのない家族を殺したのか」と問い続ける
ことになります。加害者にいくら厳罰が下されても「なぜ罪を償わ
ないのか」と慟哭することになります。

　あたかも双方の**生身の人間**としての感情や思いが司法の場で削ぎ
落とされてしまうかのようです。そのため被害者は，法廷で厳罰を
訴えることでしか加害者に怒りや憎しみをぶつけることができなく
なります。被害者は生身の人間としての加害者による贖罪を求めて
いるのではないでしょうか。

　少年事件においても臨床の作用を導入することの重要性は，「総
体としての生身の少年」を蘇らせることにあります。

　法的作用の初期介入によって補導されたり逮捕されたりした非行
少年たちは，その後の法的手続きにおいて，警察での取調べ，検察
庁での立件を経て，事件の「法律記録」が家庭裁判所に送られます。
「法律記録」とは，犯罪事実，供述調書などがとじられた書類で，
その名が示すように，少年が罪を犯したことを法律としての構成要
件に従って証明するための記録です。

　その作成の過程では，少年の行為が非行に関する事実に焦点化さ
れ，法的観点からの抽象化と単純化がなされます。その結果，生活

者としての少年全体，少年を取り巻くさまざまな人間関係など，いわば「生身の少年」の大半が削ぎ落とされてしまうことになります。少年を法の俎上に載せるために，いったん，非行をした少年の悪の部分に焦点化し還元することによって，ようやく法的世界での裁きの対象とすることができるからです。

それゆえ，心理臨床の作用とは，こうした法の作用によって不可避的に生じる「少年の部分化」のプロセスから，「生身の少年」をもう一度，喚び起こすことだといえるでしょう。非行少年の更生のプロセスにおいては，非行という問題行動を起こした「悪の部分としての少年」が，家裁調査官などの援助者との関わりによって，「総体としての少年」として再生していくのです。

3 「生身の人間」の復権

このような臨床による「人の復権」の必要性は，司法における家族紛争の解決のためにも求められます。

> **事例10-5　子どもの腕のひっぱり合い**　離婚に伴なう親権者指定事件（子どもの奪い合い）の当事者は，（夫）「お前は結納を納めてもらった嫁だから俺のいうことを聞け」とか（妻）「私は別居をしてアパートと家具をそろえました。あと必要なのは子どもだけです」などと言い争いを続けました。ついに2人は，裁判所で子どもの両腕をひっぱり合いました。両親にモノのようにひっぱられた子どもは泣き叫びました。

この例のように，裁判の場においては，所有の対象としての嫁や，部屋や家具と並列される子どもなどのように，「人」を「モノ」化してしまうのです。紛争の渦中にある当事者がそうしたモノのメタファー（喩え）で争っている限り，相手方や子どもを1個の人格をもつ存在として解決がはかられるにはほど遠くなります。

その結果，離婚調停で，相手の人格を無視してお互いの非を責め合うだけに終始したり，親権者に関する争いでは，子どもをあたかも「モノ」のように扱って，実力行使による奪い合いの行動にまで紛争を激化させたりしかねないのです。

家事事件の親権者をめぐる争いなどでは，双方当事者の収入，生活費，子と過ごせる時間など，物的，客観的な事実をどれだけ蒐集したとしても，何をもって，子に対する親の愛情とみるのか，また，将来にわたる安定した親子関係とみるのか，そして父と母のどちらに育てられることが子にとって幸福につながるのか，などについての見極めは，結局，心理臨床の枠組みによって「人」を捉えざるをえないのです。

そうした心理臨床の作用によって，離婚などの夫婦の紛争や子どもの奪い合いなど，家事事件の問題解決においては，当事者双方がお互いの人格を尊重し，子どもを奪い合いの対象ではない，かけがえのない存在としてみなすことにつながるのです。

もともと法の精神として，「人は独立した一個の人格として尊重されなければならない」という，人間に関する重要な概念が前提とされています。「一個の人格」とは，これまでに述べた臨床に基づく人間観である，「総体としての人間」の意味と行き着くところは変わりません。このことがまさに，「法」と「臨床」が限りなく交差することによって生成する「司法臨床」の本質です。

▌**5** 司法臨床の展開のために

松浦好治は，妥当な事件処理を考える法律家は，かならず当事者や関係者からいろいろな情報を丹念に集め，法律以外の専門家から

提供される情報やアドバイスに丁寧に耳を傾けていると述べ，その役割を「オーケストラのコンサートマスター」に喩えています[7]。筆者の家裁調査官時代の経験からしても，家庭裁判所の審判を通して非行少年が更生に向かったり，家事事件の当事者が紛争を解決したりする転機となるのは，少年や当事者が，優れた人間知にあふれる裁判官や弁護士などの法律家に出会ったときでした。

ところが，法的枠組みと心理臨床的枠組みの関係は，先に述べたように，ものの見方や捉え方が基本的に異なったり，両者の機能が相反したりしています。さらに，法的枠組みは，他の思考モデルを原理的に排除ないし，制約することによって独自の議論領域を形成してきた[8]こともあって，司法の場における心理臨床的展開は困難を極めることになります。したがって，司法臨床の展開のためには，法律家や臨床家個々人の人間知に期待するだけではなく，法と臨床を架橋するための方法論を採用しなければなりません。

司法臨床における協働で重要なことは，従来の連携や協力（cooperation）を超える，協働（collaboration）の本質に基づくまさに「コラボレーション」と表記されるべき援助システムの確立が必要になります。

コラボレーションとは，「所与のシステムの内外において異なる立場に立つ者同士が，共通の目標に向って，限られた期間内に互いの人的・物的資源を活用して，直面する問題の解決に寄与する対話と活動を展開すること」であり，「コラボレーションを成功させるためには，関係者が大なり小なり自己変革する覚悟が必要[9]」です。

---

7) 松浦好治（2006）．「司法の枠組み」『現代のエスプリ』472, 36-45.

8) 田中成明（1989）．『法的思考とはどのようなものか——実践知を見直す』有斐閣

9) 亀口憲治（2002）．「コラボレーション——協働する臨床の知を求めて」『現代のエスプリ』419, 5-19.

つまり，相異なる法と心理臨床の枠組みを統合するためには，法律家も心理臨床家もお互いの価値観や概念を目的に応じて修正させなければなりません。司法臨床の実現と展開のためには，まさに法も心理臨床も双方の自己変革が必要だということです。

さらに，コラボレーションのプロセスにおいては，「異なる枠組みの対立は往々にしてあり，その対立を解決するプロセスがコラボレーションの一部でもある」[10]ということです。すなわち，**法と心理臨床のコラボレーション**である司法臨床の展開のための要点は，単に，法と心理臨床の役割を分業したり，共通点や妥協点を見出すことではありません。むしろ，法と心理臨床の価値観，方法論の違いを前提としながらも，少年と家族の問題や紛争の解決のために，お互いの異なる枠組みを対等にダイナミックにぶつけ合って展開させることが必要なのです。

📖 ブックガイド

廣井亮一（2007）．『司法臨床の方法』金剛出版
　　司法臨床の機能を法と臨床の交差領域で捉え，少年非行や家族紛争にどのようにアプローチするかについて具体的事例をもとに詳述している。

廣井亮一（2012）．『司法臨床入門』［第2版］日本評論社
　　法化社会においては，法の枠組みを踏まえた心理臨床活動が求められる。本書は家裁調査官のアプローチをもとに司法臨床についてわかりやすく解き明かしたものである。2004年の初版をもとにアップデートしている。

廣井亮一・中川利彦・児島達美・水町勇一郎（2019）．『心理職・援助職のための法と臨床――家族・学校・職場を支える基礎知識』有斐閣
　　本書は，対人援助に携わる実務家が知っておくべき，法の基礎知識，法的ものの考え方を提示しているが，それは単なる法律の解説ではない。

10）　渋沢田鶴子（2002）．「対人援助における協働」『精神療法』28(3)，10-17.

対人援助者はただ法律を覚えても，刻一刻と動く対人援助活動に即したものでなければならない。そのために，対人援助者が実務で直面する諸問題を取り上げて，法と臨床を架橋する実践知をまとめたものである。

第**11**章 非行臨床

少年司法における臨床的アプローチ

キーワード　非行少年，犯罪少年，触法少年，ぐ犯少年，刑事司法，
修復的司法，少年司法，少年法1条，攻撃性，受動攻撃性，発達障害

● 学習内容

　少年法では，「非行少年」を，家庭裁判所の調査と審判に付される，
「犯罪少年」「触法少年」「ぐ犯少年」と定義しています。それぞれの少年
について十分に理解してください。そのうえで，非行少年たちに対処す
る少年司法の特徴について，刑事司法，修復的司法と対比させながら説
明します。さらに，非行少年を法と臨床の軸によって4類型に分類して，
その類型に応じたアプローチを提示します。また，発達障害と非行との
関係についても重要なトピックスです。

1 非行少年とは

1 少年法による非行少年の定義

事例11-1　学生のイメージする非行少年　犯罪心理学の講義で，学
生に「犯罪少年」「非行少年」「不良少年」の違いを聞くと，ほとん
どが「犯罪少年は殺人や強盗など凶悪な事件を起こした少年」「非
行少年は万引きをしたりシンナーを吸っている少年」「不良少年
（少女）は親や教師のいうことを聞かず反抗したり遊んでいる子」
というような回答が多くなります。興味深い回答に「非に心をつけ
て，非行少年とは悲しい行いをする少年」というものや，「不良少
年＝うちのお父さん！」というユニークなものもありました。

「**非行少年**」「**犯罪少年**」「**不良少年**」という言葉は，毎日のように メディアに登場していますが，私たちは彼らの違いをほとんど説明することができないのではないでしょうか。

　少年法3条に従えば，「非行少年」とは，家庭裁判所の調査と審判に付される，犯罪少年，触法少年，ぐ（虞）犯少年，を指します（女子も少年といいます）。

　非行少年 { 犯罪少年：14歳以上，20歳未満で犯罪行為をした少年
触法少年：14歳未満で刑罰法令に触れる行為をした少年
ぐ犯少年：20歳（2022年の少年法改正以降18歳）未満で将来，罪を犯し，または刑罰法令に触れる行為をするおそれ（虞れ）がある少年

　すなわち，非行少年とは，犯罪少年，触法少年，ぐ犯少年を包含し，不良少年は非行少年ではない，ということです。このことは単に用語の定義に留まらず，私たちの「非行少年」に対する認識とアプローチに重要なことなのです。

　犯罪少年を14歳以上，**触法少年**を14歳未満と区別しているのは，刑法で刑事責任年齢を14歳以上と規定しているためです。したがって14歳未満の少年が刑罰法令に触れる行為をしても，それは「犯罪」にはなりません。

　たとえば，2004年に起きた佐世保市の小学校6年生による同級生刺殺事件の加害女児は，殺人という刑罰法令に触れる行為をしましたが殺人罪には問えません。なぜ，刑事責任年齢を14歳以上にしているかについては諸学説がありますが，発達心理学の観点によ

れば，人格が統合されて行為の責任を問える年齢を 14 歳以上とみなしています。

このように犯罪少年と触法少年に分けることは，少年司法の可能年齢として処遇選択に結びつきます。14 歳未満の触法少年には刑事責任を問えませんので，刑事処分はもちろんのこと保護処分としての少年院送致も基本的にできず，児童自立支援施設など児童福祉による処遇になります。ところが 2007 年の少年院法改正によって，「おおむね 12 歳以上」の児童から少年院に送致することができるようになりました。このことは，本来福祉的ケアを施すべき子どもたちを，司法が取り込んだことを意味します。

ぐ犯少年とは，犯罪や触法行為をいまだしていないけれども，将来，そのおそれがある少年を指します。ぐ犯少年を非行少年に取り込んでいる理由は，たとえば家出を繰り返して，暴力団員など犯罪性のある人と交際している少年や性風俗をしている女子少年などを保護するために適用されることがあるためです。

なお，不良少年という用語は少年法にはなく，少年警察活動規則に「不良行為少年」として，「飲酒，喫煙，深夜はいかい等を行って警察に補導された 20 歳未満の者」と記されています。非行防止や少年補導で用いられる警察用語です。

2 非行少年に向けられる視線

以上のように，非行少年について法的に細かく説明したのは，私たちは，犯罪少年と非行少年の違いについて，犯罪少年は凶悪な少年，非行少年は軽い悪さをする不良少年，というイメージを抱いていることが多いように思われるからです。

犯罪少年については，刑法犯で家庭裁判所に送致される少年のうち，殺人や強盗などの凶悪事件の割合は過去 30 数年間 1 パーセン

ト前後で推移しているのに対して，万引きなどの窃盗事件や放置自
転車などの横領事件といった比較的軽微な事件が全体の半数以上を
占めています。

　したがって，犯罪少年といっても決して凶悪な少年を指すもので
はありません。また，不良少年については，深夜コンビニや駅前で
たむろしている少年たちを「不良」と呼ぶかどうかは各自の価値観
によるもので，法的には彼らは「犯罪少年」でも「非行少年」でも
ありません。

　こうしたことを強調するのは，私たちは非行少年たちのことをほ
とんど知らないまま，色眼鏡で彼らのことをみているということに
気づいてほしいからです。私たちは，子どもたちのさまざまな症状
や問題について「子どもたちのSOS」として捉えて関わることが
できても，非行や犯罪になると単なる罰の論議に陥りやすくなりま
す。その理由として，非行や犯罪という行為は，加害少年と被害者
との関係で成り立ち，被害者に対する加害の程度によって，法が罰
を定めていることに関係します。

　もちろん，非行や犯罪が法的基準によって成立する問題行動であ
る以上，それに対処するための「法的視点」は必要です。しかし，
非行や犯罪も子どもたちの問題行動の1つとして捉えるならば，そ
のケアのための「臨床的視点」が必要になります。つまり，非行少
年たちはその問題行動によって私たちに何を訴えようとしているの
かという，1人ひとりの少年たちにとっての非行や犯罪行為の意味
を理解して更生につなげるための視点とアプローチが不可欠になる
のです。

2 少年司法の枠組み

　地方裁判所の刑事司法と家庭裁判所の少年司法の違いについて，私たちは，前者が成人，後者が未成年者をそれぞれの裁判，審判の対象にするという程度の理解に留まっているように思われます。その結果，メディアを騒がす少年事件が起きるたびに，成人事件のように罪と罰の論議になってしまいます。ここでもう一度，少年司法が私たちに要請している非行少年への関わりについて確認しておく必要があります。

　家庭裁判所の少年司法を理解するために，その基盤になっている伝統的な刑事司法と現代刑事司法の潮流になっている修復的司法（restorative justice）と比較してみましょう。**表 11-1** は，**刑事司法，修復的司法，少年司法**のそれぞれの枠組みにおける，犯罪（非行）の意味，裁判・審判の目的，当事者性，犯罪・非行の捉え方，について対比させたものです。もちろん，それぞれの枠組みは，表のように単純化することはできませんが，基本的な視座として示すものです。

1 刑事司法

　刑事司法とは，被疑者の逮捕，法による立件，裁判による有罪・無罪と刑の確定，それに応じた刑の執行および犯罪者の社会復帰までの一連の司法過程をいいます。犯罪とは，法によって刑罰が規定された違法行為であり，広義には国家に対する法益の侵害です。刑事司法手続は，国家の刑事罰権（検察側）と被告人の人権（弁護側）という対立的な関係図式で成り立ち，被告人に対して，法的基準に従って犯罪が立証されれば，その罪に対する応報として国家が刑罰

表 11-1　刑事司法，修復的司法，少年司法

	刑 事 司 法	修復的司法	少 年 司 法
犯罪・非行の意味	国家に対する法益の侵害	他者に対する害悪的影響	少年の更生につなぐ契機
裁判・審判の目的	罪の立証とその罪に対する応報	問題解決と当事者の関係の修復	少年の健全育成
当 事 者 性	国家（被害者）↔加害者	被害者－加害者－コミュニティ	国家⇒少年と保護者
犯罪・非行の捉え方	法律上の罪	さまざまな文脈による理解	法と臨床によるアプローチ

（出所）　廣井亮一「家庭裁判所にやってくる子どものウェルビーイング——修復的司法における非行少年」（2005,『現代のエスプリ』453, 151-159）表 1 より作成。

を科します。

　表 11-1 に端的に示したように，近代刑事法制において，犯罪被害者はまさしく事件の直接的な当事者でありながら刑事手続きでは参考人や証人とされ，被害者の立場は国家による応報で代弁されてきたにすぎません。その意味で法制度や社会から長らく忘れられてきた存在だといえます。

　日本では 2008 年に刑事裁判における被害者参加制度が施行され，2009 年の裁判員制度の導入と相前後して，犯罪被害者や遺族が一定の重大な事件について「被害者参加人」として刑事裁判の法廷で被告人に直接質問できることにようやくなりましたが，それでもなお，刑事訴訟法における被害者の当事者的地位は制度的に確立されていません。

2 修復的司法

　それに対して，修復的司法は，犯罪を「加害者－被害者－その家族を含む地域社会」の関係性の問題，システム間の歪みとして捉え

直し，その歪みを修復することによって，被害者のケア，地域社会の安全，さらに加害者の更生も実現しようとするものです。刑事司法との対比でいえば，被害者が明確に位置づけられていることが特徴です。刑事司法が，犯罪を違法行為，法益の侵害として法的基準をもとに加害者を捕捉するのに対して，修復的司法は，犯罪をより広く捉えて，被害者をはじめとして，家族，地域社会などそれぞれのシステムにおける害悪的影響（harm）であると理解します。

　修復的司法のプロセスにおいては，犯罪で傷ついたすべての当事者の問題解決と関係の修復のために，被害者と加害者が問題の解決方法について話し合う和解プログラムが実施されたり，少年事件では被害者と加害少年のそれぞれの家族やコミュニティの代表者，支援者による家族集団会議が行われたりしています。それらのプロセスにおいて加害者（加害少年）にもさまざまな関係の修復がなされ，家族や地域社会のなかで更生する機会が与えられるのです。

3 少年司法

事例 11-2　亀岡市交通事故死事件　2012 年 4 月に京都府亀岡市で 18 歳の少年が無免許で居眠り運転をして，登校中の児童と保護者の計 10 人をはねて 3 人が死亡，7 人が重軽傷を負いました。少年は検察官送致（逆送）され，危険運転致死傷罪を求める 21 万人の署名が提出されました。少年は 2013 年 2 月 19 日一審判決で懲役 5 年以上 8 年以下の不定期刑になりました（二審で懲役 5 年以上 9 年以下に確定）。

　一審判決を受けて，筆者（廣井）は以下のコメントをしました（毎日新聞記事 2013 年 2 月 20 日付）。

　「事故の結果や被害者感情からすれば，刑事事件としての量刑は相当だが，少年自身についての審理は十分とは言えない。少年事件である以上，成育歴や家族関係などを通じて，仲間と一緒に無免許

運転を繰り返した背景を探り，更生の可能性や方法を考える必要がある。今回の判決は，事故の事実関係だけを見て，少年を見ていない判決である」

少年司法の基本的視座は，すべての非行少年に向き合うための通則規定である**少年法１条**に次のように明記されています。

　少年法１条：「この法律は，<u>少年の健全な育成①</u>を期し，非行のある少年に対して性格の矯正及び<u>環境の調整②</u>に関する保護処分を行うとともに，<u>少年の刑事事件について特別の措置③</u>を講ずることを目的とする」（下線は筆者）

本条文に下線を施した３点に絞って説明します。

①**「少年の健全な育成」**　　刑事司法との大きな違いは，少年司法の目的は少年の健全育成であり，罰を下すことを目的としたものではない，ということです。未来を担う少年たちの立ち直りをはかり，積極的に成長・発達を援助することが目的です。その意味で，児童福祉法１条，教育基本法の１条と同じ目的をもつものです。したがって，非行という問題行動は，帰結というより少年を更生に導く出発点として位置づけられるのです。

②**「環境の調整」**　　あえて「性格の矯正」に下線を施さず，「環境の調整」を強調したのは，「性格の矯正」という表現には，非行の原因を少年に内在させる意味が含まれ，ともすると少年個人の責任の追及，つまり罰の議論に陥りやすいからです。むしろ，非行は少年を取り巻く劣悪な環境（家族関係など人間関係を含む）の反映であるとみて，その関係性の歪みの修復をはかることが少年非行の本質を捉えたアプローチにつながります。

③**「少年の刑事事件について特別の措置」**　　2009 年５月に裁判員裁判制度が施行されましたが，「少年の刑事事件について特別の措置」

ということは，少年を刑事裁判で審理するときに知っておかなければならないことです。すなわち，少年法1条の少年の健全育成という理念・目的は，少年の刑事手続きにも及ぶということです。したがって，刑事裁判で審理するからといって，成人と同じように対処すればよいのではなく，あくまでもその少年の更生を見据えた審理が必要になります。

　たとえば，少年法50条で，少年の刑事事件についても，医学，心理学，教育学，社会学等の人間関係諸科学を活用して調査することや，さらに少年法55条で，刑事裁判の事実審理の結果によって再度，事件を家庭裁判所に移送できることを定めているのです。特に，少年の事件は家族の問題と密接に関連しているので，家族臨床の観点から事件について検討することは非常に重要なことになります。

　なお，刑事司法，少年司法の関係からすると，非行臨床とは，加害者の応報や隔離を基調とする刑事司法の土台に，少年の更生のための特別な構築物を建て，そのなかで心理臨床的な実践をするという特異なものだともいえるでしょう。

3　非行臨床の4類型

　ここまで述べたように，少年司法は法と臨床の2つの軸によって，少年の更生を期すために非行臨床を展開します。

　法の軸とは，加害行為に対して法で定めた罪の大小を基準にします。法は，他者に対する回復不可能な加害行為を最も重大に，自分を傷つける行為や回復可能な行為を比較的軽微に評価します。それに対して，臨床の軸とは，1人ひとり異なる少年を理解するための

基準です。たとえば，臨床の軸に適応の概念を採用して，さまざまな問題行為や課題行為を，法の軸（罪の大小）と臨床の軸（適応の程度）によって分類すれば，**図11-1**のような4類型になります。

Ⅰ類型は，殺人，強盗，暴行，など他者に危害を加える反社会的問題群。Ⅱ類型は，薬物乱用，自傷，援助交際，など自分を傷つける非社会的問題群。Ⅲ類型は，不登校，ひきこもり，アパシー，うつ，など学校や社会生活に影響を及ぼす行動群（非行ではありません）。Ⅳ類型は，現代型重大事件にみられるような，無差別殺傷事件や問題がみられなかった少年が突然凶悪な事件を起こす問題群になります。

そしてこの4類型を犯罪や非行につながる**攻撃性**（aggression）に置き換えて図式化すると**図11-2**のようになります。この4類型に従ってそれぞれの領域における非行臨床のアプローチの特徴を説明します。

1 Ⅰ類型：反社会的問題群

反社会的問題群の特徴は，攻撃性が他者に向かい，法規範の逸脱行為として直截に示される問題行動です。たとえば学校不適応による対教師暴力，地域社会での暴走族による共同危険行為，そして他者への最たる攻撃としての殺人などが位置づけられます。

その結果，被害者に対する加害行為の重大性と被害者感情が重視され，法の軸が最も強調される領域です。それだけに，少年の更生のための臨床的視点を明確に維持しないと，昨今の非行少年を取り巻く現状のように，被害者感情を重視した応報的，懲罰的な処分だけになりかねません。

それでも非行が法によって生成される概念である以上，その加害行為に対して法による制裁や「罰」を避けることができないのであ

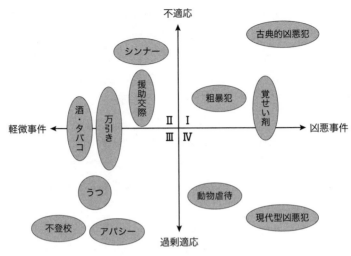

図 11-1　問題行動群の 4 類型（例示）

（出所）　廣井亮一編『加害者臨床』（2012，日本評論社）8 頁をもとに作成。

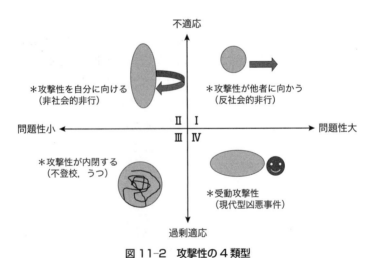

図 11-2　攻撃性の 4 類型

れば，単なる制裁のための罰によって少年を潰してしまうのか，それとも「罰」をどのようにして少年の更生のために展開させるのかについて，臨床的観点による検討を十分に行わなければなりません。

2 Ⅱ類型：非社会的問題群

非社会的問題群は，攻撃性のベクトルが自分に向けられて，自分自身を傷つけてしまう問題行動です。心理臨床的には，1人の人格に「傷つける自分（加害者）」と「傷つけられる自分（被害者）」が内在しているとみます。シンナーや麻薬などの薬物依存，援助交際などの売買春行為，リストカットなどの自傷行為，などが位置づけられます。

この問題行動群には生育歴に虐待を受けた子どもたちが多く，身体的虐待を受けた男子少年が，暴行，傷害，強盗，という他者に向ける攻撃行動を示しやすいのに対して，性的虐待を受けた女子少年の場合，薬物乱用，売買春，自殺など，自己に向かう攻撃行動に陥ることが特徴的だといえます。

万引き常習者（クレプトマニア；窃盗症）の多くは子どものころから親や教師の期待に従順で，「よい子」として生き続けてきた人が多いように思われます。「よい子」の部分でしか生きることができなかった子どもが，思春期前後に非行をすることによって「悪い子」としての部分を取り戻し，人格の全体的統合をはかろうとすることがあります。

薬物使用や売買春による非行で家庭裁判所に係属すると，女子少年たちは法により自らを罰することを強く望むようになります。そのため，少年院による処遇が心の傷を癒す場になるというよりは，罰を受ける場であると認識してしまい，さらに自罰的傾向を助長する結果にもなりかねません。したがって，虐待を受けた女子少年た

ちには，傷つけられた心を癒す関わりが求められます。

3 Ⅲ類型：若年性抑うつ傾向群

うつ（depression）と攻撃性（aggression）は密接に関連していますが，抑うつ傾向群の攻撃性は絡み合って自らのなかに内閉した状態にたとえられます。若年性抑うつ傾向群は，犯罪や非行という問題行動を起こすことは少なく，ひきこもり，不登校，スチューデント・アパシーなど，学校や社会生活に影響を及ぼす課題を示すことが多くなります。

4 Ⅳ類型：受動攻撃性群

この類型の攻撃性の特徴は，2000年以降の現代型重大事件にみられるような，今まで何も問題がなく親や教師の期待に応える優秀な「よい子」が突然重大な事件を起こす問題行動群にあてはまります。「受動と攻撃」の言葉のとおり「素直と反抗」という相反する面が共存しています。

受動攻撃性（passive-aggressive）はもともと戦時中の若年兵士のストレス反応として理解されたものですが，現代の青少年の攻撃性を理解する視点としても参考になります。DSM-Ⅱでは，受動攻撃性の行動パターンについて，「受動性と攻撃性が共存しており，攻撃性は受身な形で表現される。この行動は明確に表明されない敵意の反映であり，その個人が過度に依存している相手や機関との関係に十分な満足ができないときにおこる憤怒の表現である。この行動の背後には過度の依存性が存在している」と説明しています。[1]

権力者など強者に対する反応について，ウィトマン（R. M. Whit-

---

1) American Psychiatric Association（1968）. *Diagnostic and statistical manual of mental disorders*, 2nd Edition. American Psychiatric Association.

mann）は次のように指摘しています[2]。権威に向かって潜在的には闘争的な傾向をもちながら，権威者との関係において受身の依存的な立場に身をおくという退行した態度を保持する。自分を強く主張することを内的な罪悪感や報復の恐れから抑圧してしまう。権威に向かって怒りや攻撃的感情を直接表示できない。権威に対して都合のよいイメージ（よい子のイメージ）を作る，などです。

　以上のような受動攻撃的な状態が，現代の非行少年に顕著に認められ，普段おとなしい「よい子」が，いきなり，キレるように重大事件を起こしたりする「よい子の凶悪重大事件」という現代型非行の現象を形作っているように思われます。このように，現代社会における攻撃性の変化が，現代型少年非行と密接に関係したものであることが理解されるでしょう。

▌**4** 発達障害と非行

1 発達障害とは

　発達障害（developmental disorder）は，2005 年に施行された発達障害者支援法を経て，2016 年に施行された改正発達障害者支援法によって次のように定義されました。

　「『発達障害者』とは，発達障害がある者であって発達障害及び社会的障壁により日常生活又は社会生活に制限を受けるもの」

　同法に示されるように，発達障害とは１つの状態を指すのではなく，2013 年の米国精神医学会の診断基準（DSM–5）では，注意欠陥

2）　加賀多一（1979）.「受身——攻撃型人格とその臨床」鹿野達男・原俊夫編『攻撃性——精神科医の立場から』岩崎学術出版社

多動性障害／注意欠如・多動症（ADHD/DSM-5 の疾患名の日本語訳），特定学習障害（LD），知的発達障害（IDD）などを除いて，アスペルガー症候群，レット症候群などのサブカテゴリーが「自閉症スペクトラム障害（ASD）」という 1 つのカテゴリーにまとめられました[3]。いずれにしても同法によれば，発達障害の原因は脳の機能障害（脳の多様性）であって，親の育て方が原因ではありません。

DSM-5 による自閉症スペクトラム障害の診断基準は，①対人コミュニケーションの困難性，②こだわり・常同行動が発達初期からあり，現在の生活に著しい困難さがあることです。

①対人コミュニケーションの困難性では，特に言葉や身振り手振り，表情によるコミュニケーションが不得手です。冗談や皮肉の意味がわからず，言葉をそのまま受け取ってしまったりするため，対話による意思の疎通が困難になります。他者と関わることに関心を示さなかったり，対人間の距離をうまくとれず一方的に関わったりすることもあります。

②こだわり・常同行動とは，目の前の具体的に提示されるわずかな部分に興味，関心が向きやすく，こだわりが強く，変化に柔軟に対応できません。そのため同一パターンが崩れるとパニックに陥ることもあります。そうしたことが特定の場面だけでなく，さまざまな場面でみられることが特徴です。

その他，注意欠陥多動性障害／注意欠如・多動症は，子どもの年齢や発達に相応しない多動性や衝動性，注意力や集中力に欠けます。学習障害は，読む，書く，計算する，などのうちで特定の技能に著しく劣ります。

---

3) American Psychiatric Association（2013）. *Diagnostic and statistical manual of mental disorders*, 5th Edition. American Psychiatric Association.

2 非行・犯罪との関連

事例 11-3　寝屋川教職員殺傷事件と奈良母子放火殺人事件　2006 年10 月に発達障害と少年非行を考えるうえで重要な 2 つの司法判断が下されました。

　大阪地方裁判所は，寝屋川教職員殺傷事件を起こした発達障害のある少年（18 歳）に対して，逆送（検察官送致）後の裁判で少年の刑事責任能力を認め，「犯行の悪質性，結果の重大性に照らすと保護処分の域を超え刑事処分によるべきである」と判断して懲役 12 年の判決を下しました（2007 年 11 月に二審判決で懲役 15 年が確定）。そのうえで，犯行の背景には特定不能型広汎性発達障害の影響があったとして，少年刑務所に少年の発達障害を治療するように求める異例の意見を述べました。

　その 1 週間後，奈良家庭裁判所は，奈良母子放火殺人事件を起こした発達障害のある少年（16 歳）に対して，3 人を死亡させた結果の重大性からすれば逆送もありうるとしつつ，「（幼少期からの父親の暴力などの）成育環境が，長男の性格の偏りを生じさせ，長男を本件非行に走らせた要因の一つとなっている」として，少年の「被害者的側面」を考慮して保護処分を選択しました。精神鑑定で指摘された発達障害については，「（犯行を）実行する場面では，広汎性発達障害という生来の特質による影響が強く現れ，放火という殺害手段を選択」したと結論づけましたが，その専門的治療は必要ないとして医療少年院ではなく中等少年院に送致しました。

　自閉症スペクトラム障害では，他者とのコミュニケーションの困難性によって集団行動が苦手になったり，自己中心的だと誤解されたりしがちです。注意欠陥多動性障害／注意欠如・多動症では，小

---

4)　2005 年 2 月，大阪府寝屋川市の小学校に卒業生（18 歳）が侵入し，教職員を殺傷した。大阪家庭裁判所は広汎性発達障害と診断された少年を「行動制御能力はあった」として検察官送致した。

5)　2006 年 6 月，奈良県の少年（16 歳）が自宅に放火し母子 3 人を死亡させた。奈良家庭裁判所の審判段階で実施された精神鑑定で，少年は広汎性発達障害および幼少時からの父親の暴力による抑うつが重なった状態だと診断された。

学校の教室内で落ち着きがなく衝動的に跳び回ったりすることがあります。学習障害では，特定の科目だけが極端にできません。本人が困るだけでなく親や保育士，教師も対応に困難をきたします。このような状態を発達障害による一次障害といいます。

ところが，親や教師など周囲の大人が発達障害についての知識がなかったり見逃したりすると，本人を自己中心的，不真面目，努力不足などと否定的にみてしまい，叱ったり罰を与えてしまいます。当の親や教師も，育て方や指導が悪いと非難されることになります。子どもたち同士では，発達障害の子どもに対するいじめが起きることになりかねません。

さらに，発達障害の状態は低年齢のころから現れるために，思春期に至るまでに，本人のセルフ・イメージの低下や親の無力感，対人不信感という状態が数年から十数年間続いてしまうことになります。その結果，本人（や親）に認知機能の不全や対人関係の歪みが生じてしまい，さまざまな症状や問題行動として発現することがあります。

精神症状としては，抑うつ，不安症状。身体症状としては，不眠，頭痛。そして問題の行動化としての家庭内暴力，非行，などにつながることがあります。これを発達障害の二次障害といいます。なお，このように発達障害による症状や問題行動は本人に起因するものではなく，周囲の無理解と偏見によるものだということで，「二次災害」と表現することもあります。

思春期，青年期までの長期間，本人と周囲の悪循環が続いて問題行動として発現した場合，一次障害の衝動性や固執性が増幅して，結果的に衝動的で奇異な重大事件となることがあります。そうした事件で私たちが非行動機の理解に苦しむと，単純に事件と発達障害の一次障害を結びつけてしまい，発達障害は重大事件につながると

いう誤解を生んでしまいます。

このような問題の原因を直線的に何かに結びつけてしまうことを「因果関係の誤り」といいます。すでに説明したように，発達障害の一次障害がその後の多様な複雑系で悪循環を起こして二次障害になるわけです。したがって早期の段階で子どもに発達障害があることに気づき，その一次障害に合った対応や支援がなされていれば，二次障害に陥らずに済むことができるのです。

なお，成人の場合，犯行時に統合失調症やその他の状態で心神喪失や心神耗弱であったと認められた場合，刑を科さないか減軽されます。しかし発達障害については，人格的傾向，性格の一種としてしか扱われず，刑事責任能力の問題とはされません。被告人に発達障害があり，そのことが犯行に及ぼした影響を弁護人が主張したとしても判決では重視されません。情状としてある程度考慮されるか無視されてしまいます。そのため発達障害の有無，程度，事件への影響といった点は，裁判においてはほとんど斟酌されずに判決が下されているのが実情です。

逆に，被告人のアスペルガー症候群が犯行動機の形成に影響したと認定されたものの，かえって，同症候群の受け皿が何ら用意されていないから再犯のおそれが強く心配されるとして，刑罰を重くした裁判員裁判の判決（事例11-4）もあるほどです。発達障害についての無理解をあらわにした判決だといわざるをえません。

事例11-4　大阪地方裁判所の2012年7月30日判決　「健全な社会常識という観点からは，いかに病気の影響があるとはいえ，十分な反省のないまま被告人が社会に復帰すれば，そのころ被告人と接点を持つ者の中で，被告人の意に沿わない者に対して，被告人が本件と同様の犯行に及ぶことが心配される。（中略）社会内で被告人のアスペルガー症候群という精神障害に対応できる受け皿が何ら用

意されていないし，その見込みもないという現状の下では，再犯の
おそれがさらに強く心配されるといわざるを得ず，この点も量刑上
重視せざるを得ない。被告人に対しては，許される限り長期間刑務
所に収容することで内省を深めさせる必要があり，そうすることが，
社会秩序の維持に資する」と判示し，検察官の求刑（懲役16年）
を超えて，有期懲役の上限である懲役20年とする判決を下しまし
た（大阪高等裁判所の2013年2月26日控訴審判決では，犯行に至る
経緯や動機には障害〔アスペルガー症候群〕が大きく影響したと指摘
し，「刑事責任は低減される。更生への意欲も認められる」として一審
判決は破棄されました）。

ブックガイド

廣井亮一編（2012）.『加害者臨床』日本評論社

　　いままで「悪者」と一絡げにされていたさまざまな加害者について，
その個別理解と司法的処遇，臨床プログラムから治療法学まで多層的な
アプローチを詳述している。

間庭充幸（2009）.『現代若者犯罪史——バブル期後重要事件の歴史的解
　　読』世界思想社

　　バブル経済期からネット型社会までの社会背景と犯罪の関係を通して，
人間と社会の歪みを解明している。

廣井亮一編（2015）.『家裁調査官が見た現代の非行と家族——司法臨床
　　の現場から』創元社

　　家庭裁判所の非行事例を通して現代の少年非行の実相を浮かび上がら
せた，気鋭の家裁調査官の論考である。

第**12**章 家族臨床

家族紛争の理解，法と臨床の協働

キーワード　家族，家族法，家制度，離婚調停，DV（ドメスティック・バイオレンス），家族システム論，保護命令，児童虐待，身体的虐待，性的虐待，ネグレクト，心理的虐待，扶養，高齢者虐待

● 学習内容

　家族臨床を学ぶにあたって，まず「家族」とは何かということを考えてみましょう。日本の法律では，「家族」についてどのように規定しているのか，旧民法と現行の民法を対比させながら理解してください。そして，家族紛争に対する法と臨床のアプローチを理解したうえで，法と臨床の協働＝司法臨床による，児童虐待，高齢者虐待，DV（ドメスティック・バイオレンス），などに対する家族臨床について学習してください。

1 「家族」とは

事例 12-1　いろいろな「家族」　大学の講義で，「家族とは何か」について書いてもらうと，「一番大切な居場所」「生活を共にする親密な小集団」という回答が多いのですが，なかには「お父さんがいないときの家庭」「私とシロ（犬）と……あと父と母はつけ足し」「1 人だけで和むところ」などなど千差万別です。年々，さまざまな家族の定義が増えています。「家族」はあまりにも曖昧模糊として，捉えどころのない「ヌエ」のようなものとして，時に私たちを振り回してしまうようです。

たしかに現代の家族は，同性愛同士の家族，同居したことがない

235

家族，さらには1人だけの家族など，ファミリー・アイデンティティ（family identity）に応じた多様な「家族」が出現します。まさに**家族**を定義することは困難です。

　その一方で，旧来の家族主義における思い込みがまだ根強く残っていることも事実です。家族の脱構築について，G. エスピン - アンデルセンは，家族に課せられていた義務，特に性別役割分業と世代間の相互依存関係からの脱却の意義を説き，家族を「脱家族化」することが家族を救うと説いています[1]。

　たしかに「脱家族化」の意義は重要であり，「着古した家族の服」を一度脱ぎ捨ててみなければならないでしょう。ところが脱いだ後の「家族」は何でもお任せであれば，体型にフィットしない服を着たり，ボタンの掛け違えなどが起きてしまい，新たな家族の問題を誘発することにもなりかねません。その意味で，家族についての視座が必要になります。

　その視座の1つを提供するのが，家族に関する法です。ただし，一方向的に「法が想定している家族」をみるだけでは不十分で，むしろ，「法が想定していない多様な家族」や「法的には対応が困難な家族の状況」から法をみるという，法と現実の家族の双方向から考察していくことが重要です。

　そこで本章においては，まず旧民法と現行民法における「家族」を検討することによって，法と家族の関係を浮かび上がらせ，法が家族と個人に与える影響について明らかにします。そのうえで，危機に瀕している家族に対して，法と臨床がどのように適切な援助をすることができるのか考えてみたいと思います。

---

1)　Esping-Andersen G. (1990). *The three worlds of welfare capitalism*, Polity Press.（岡沢憲芙・宮本太郎［監訳］2001.『福祉資本主義の三つの世界』ミネルヴァ書房）

2 家族と法

1 家族法

　私たちが通常**家族法**と呼んでいる法律は，少年法や児童福祉法などのように1つの法体系としてまとめられたものではなく，民法典の第4編「親族」と第5編「相続」を指すものです。そうした家族に関する法律を含む現行の民法典は，「家族」について直截に述べていないばかりか，「家族」という語句さえ用いていません。

　それは後述するように，旧民法における家族制度としての「家」の廃止と関係するものと思われます。その結果，日本の家族法が提示する「家族」は，主に現行の民法725条から881条にある，婚姻，親子，親権，後見，扶養などに関する，夫婦関係，親子関係，親族関係といった家族関係の諸部分の提示に過ぎず，「家族」全体はあいまいなままです。

　家族システム論の観点からも，家族とは構成員の総和以上のものである，ということからすれば，現行民法は，日本の「家族」についてその概念を明らかにしているとはいえません。その結果，現在，法は移り変わる多様な家族を包含する新たな家族概念を提示できないままです。ここに，現代の家族論ひいては家族における機能論の混迷があり，家族支援に関する実務上の諸問題が胚胎しているように思われます。

　「家族とは何か」と問うことは，家族をステレオタイプに捉えて，多様な家族のあり方を否定することではなく，もちろん個人を抑圧してきた懐古的な家族復権主義に陥ることでもありません。異なる個性をもつ人間同士が生活することを保障するために法規範があるように，さまざまな家族が「家族」であり続けるために，家族に関

する法が定められるとすれば，まさに，法は，揺れ動く現代家族の拠り所となるべきものなのです。

2 旧民法と現行民法における「家族」

旧民法（1898年施行）が規定した**家制度**においては，「家[2)]」と「家父長制[3)]」の2つの要素で成り立っており，家族が個人を抑圧していたといわれています[4)]。

戦後，日本国憲法24条2項は，家族生活において，「個人の尊厳」と「両性の本質的平等」に基づくことを要請し，「家」制度の基盤となっていた旧民法第4編と第5編を改正して，1948（昭和23）年に現行民法を施行しました。その結果，近代の婚姻制度は，一夫一婦制，両性の合意に基づく自由な結婚，夫婦の平等をもとに，夫婦家族制を志向することになりました。このことは，「家」の犠牲とされた個人の人格の回復をはかり，「家族のための個人」から「個人のための家族」へと転換されたことを意味します。

3 現代家族の動向と家族法

家族に関する民法の規定は70年以上前に改正されましたが，現行の家族法に家制度の残りかすともいえる条文に温存されています。たとえば，氏に関する事項では，夫婦同氏（民法750条），親子同氏（同790条）を原則として，氏に家族関係や血縁関係などの身分性を温存しています。さらに，戸籍法にも引き継がれ，家族単位登録制

---

2) 「家」とは，世帯の共同とは関係のない血統集団であって，構成員の死亡・出生・結婚等による変動はあってもその同一性を保持してゆくものだという信念を伴うものとされる。

3) 「家父長制」とは，家長が家族構成員に対して支配・命令し，後者が前者に服従する社会関係とされる。

4) 川島武宜（2000）．『日本社会の家族的構成』岩波書店

（戸籍法6条）になっています。また男性側への女性の「入籍」的な届出婚を前提とした考え方も根強く、いまだに約90パーセント以上の夫婦が婚姻時に夫の氏を選択しています。

　家庭裁判所においても，離婚紛争の当事者が「家の戸籍が汚れる」と述べたり，子の氏の変更に応じない当事者が，「自分の子でない者をわが家の戸籍に入れるわけにはいかない」と主張したりしています。個人の内に潜在する「家」意識と，現行法にいまだに残っている制度としての「家」が相まって，現代家族にさまざまな歪みを及ぼし，家族の紛争を引き起こす1つの要因ともなっているのです。

▎**3**　家族紛争への法と臨床によるアプローチ

> **事例12-2　ある離婚調停での妻と夫の言い分**
> 妻：「夫は，家に居るといつも不機嫌で陰気で，私の家事や子育てに文句言うだけです。だから，私は夫に愛想を尽かして無視しているのです」
> 夫：「妻は，俺が仕事に疲れて帰ってもねぎらいもせず無視する。家庭のことや子育てのことに助言をするとあからさまに嫌な顔をする。だから，俺は家にいると気が滅入って不機嫌になる」
> 　双方の言い分を聴いていた家裁調査官は，どちらも夫婦不和の原因と結果になっている，と思いました。

　この夫婦の**離婚調停**での夫婦不和の理由について，法的に妻の言い分を起点とすれば，〈夫はいつも不機嫌で家事と子育てに文句をいう〉（原因①）→［私（妻）は愛想を尽かして無視している］（結果①　⇒　夫婦不和）。同様に，法的に夫の言い分を起点とすれば，〈妻

は疲れた夫をねぎらいもしないし，家庭と子育ての助言を無視する〉（原因②）→［俺（夫）は家庭にいると気が滅入り元気がなくなる］（結果②⇒夫婦不和）となります。

　ところが両者をすり合わせれば，妻の行為も夫の行為も，この夫婦不和の原因（①と②）であり結果（①と②）になります。つまり，夫婦の不和はどちらが原因でもなく，夫婦の関係の歪みが夫婦の紛争を誘発しているのです。これが家族臨床的な見方です。

　夫婦の紛争や家族の問題が起きると，家族の誰かを起点として「原因→結果」という直線的な因果関係で規定されます。家族の紛争に限らず，私たちは何か事が起きるとその原因を探したくなるからです。「原因→結果」の因果論によって，私たちを取り巻く混沌としたさまざまな事象を秩序づけようとするのでしょう。したがって，夫婦関係が悪くなれば，その原因を夫か妻のどちらかに帰属させようとするわけです。

　第10章で説明したように，法的な認識では，原因と結果を直線的に結びつけて因果論で捉えます。一方，家族システム論による家族の問題についての理解では，円環的認識論を採用します。**図12-1**のように，ある問題を含む夫婦や家族全体を連鎖的な関係の循環作用として捉えて，夫婦の紛争や家族の問題を相互関係の悪循環の1つの現れとして理解します。[5]

　この両者の認識を図式的に示すと既述の**図10-2**（第10章3節）のようになります。法的な認識は，家族内の円環的な連鎖関係の一部を切り取り，「原因→結果」の因果関係を取り出していることがおわかりになると思います。

　この円環的認識論による家族関係の臨床的アプローチと直線的因

---

5) 円環的認識論については，廣井亮一「家族臨床における法的介入」（2010，日本家族心理学会編『家族心理学年報』28号，金子書房）も参照。

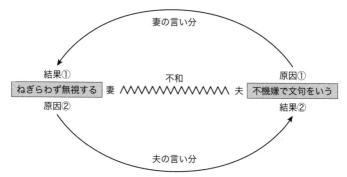

妻の言い分：「夫はいつも不機嫌で家事と子育てに文句
　　　をいうだけだから（原因①），私は愛想を尽かして黙
　　　っている（結果①）」
夫の言い分：「妻は疲れた夫をねぎらわず，家庭と子育
　　　ての助言も無視するから（原因②），俺は家庭にいる
　　　と気が滅入り元気がなくなる（結果②）」

図 12-1　夫婦不和の円環的認識

果論に基づく法的アプローチは，どのように DV や児童虐待の問
題解決につながるのでしょうか。まず，DV 防止法（配偶者からの暴
力の防止及び被害者の保護等に関する法律）の保護命令の裁判過程を取
り上げて，法と臨床の協働 – 司法臨床によるアプローチについて考
えましょう。

4　DV へのアプローチ

　夫婦などカップルは，親密な関係における相互作用を通して，そ
れぞれの役割を演じるようになります。DV の問題も，夫婦の相互
作用の過程で形成され，「暴力をふるう夫」と「暴力をふるわれる
妻」という相補的な役割関係が形成されて，その関係が維持されま

す（ここでは DV 加害者を夫，DV 被害者を妻，として記述）。そのため，DV 加害者である夫は妻に暴力をふるうことを当然とみなし，DV 被害者である妻は暴力をふるわれることを容認する関係に陥ります。**家族システム論**に従えば，夫の暴力が激しくなればなるほど，妻は夫の元から離れられない，という逆説的関係になります。

　そのため，DV の問題解決で困難なことは，暴力を介在する夫婦システムの関係パターンが強固に形成されていることです。それゆえ，その夫婦システムに二次的変化（新たな関係）が生じない限り，妻は暴力をふるう夫から離れようとせず，DV の関係が続いてしまうことになります。

　また，DV 被害者である妻は DV 加害者である夫から悽惨なダメージを受けているにもかかわらず，被害者である妻の被害者意識が希薄で，一方の加害者である夫の加害者意識も乏しいということが特徴です。DV の解決の要点は以下のように整理することができます。

1 DV 加害者と被害者の関係の遮断：被害者の心身の安全確保

　DV の夫婦システムは「暴力－被暴力」の関係で成り立っているため，DV 加害者の夫が暴力を激しくすれば，DV 被害者の妻との関係が復元されるという逆説的な力動が働きます。そのため，DV の問題解決において最も危険なことは，DV 被害者が DV 加害者から離脱しようとするときに，夫による妻や子どもに対するきわめて激しい暴力行為が生じ，殺人にまで至ることがあります。したがって，DV の問題解決にとってまず重要なことは，DV 被害者の身体の安全確保です。

　被害者の身体の安全を守るために，DV 防止法 10 条以下の**保護命令**が有効に機能します。保護命令とは，DV 被害者の生命や身体

に重大な危害を受けるおそれがある場合，DV加害者の追及を阻止して，DV被害者の安全を確保するために裁判所が命じるものです。保護命令によって，DV加害者に6カ月間DV被害者への接近を命じる接近禁止命令（同法10条1項1号）や，2カ月間住居等から退去を命じる退去命令（同2号）を発することができます。

DV被害者に迫ってくるDV加害者を阻止するには，通常の相談機関や心理臨床的対応だけでは不十分です。ここにおいて，強制力と罰を伴う法的介入としての保護命令の重要性が示されます。DV加害者が保護命令に違反したときは，1年以下の懲役または100万円以下の罰金が科せられますが，実質的には，警察による違反行為の取締りなど法的介入による実際的阻止の効果が大きいのです。

そして，こうした法による身体への安全確保を行うと同時に，臨床的アプローチによる心のケアも行うことによって，DV被害者の身体と心の治療的安全圏をまず確立することが重要になります。

2 DVにおける「加害−被害」関係の明確化

DVの関係の特徴の1つとして，DV加害者に被害者意識があり，DV被害者に加害者意識があるという，「加害−被害」の関係意識の逆転が起きていることが指摘されます。

したがって，DVの問題解決のプロセスにおいて，暴力をふるう夫が加害者であり，暴力をふるわれる妻は被害者であるという，しごく当然のことを認識させなければなりません。DV被害者が被害者性を自覚するということは，取りも直さずDV加害者の加害者性を浮き彫りにするという重要な意味があります。

ところが，DV被害者は，長年の「加害−被害」意識の逆転に陥っているため，被害者性を自覚させることは，心理臨床的には非常に時間を要するプロセスになります。その点，法による加害行為の

認定はきわめて明快です。法が規定する加害行為（暴力）とは，有形の力の行使をされた側が，その行為に嫌悪感情を抱いたとき，それを「暴力」とみなす，と明示しているからです。

保護命令についての裁判では，加害行為の有無とその程度が問題になり焦点化されます。このような裁判の過程で，DV被害者はこれまで自分に向けられた暴力行為の意味を端的に知らされ，自分がまぎれもない被害者であることを認識します。ただし，留意しなければならないことは，この法的プロセスはかなり直截で短時間に行われるため，DV被害者に自己認識の混乱をもたらすことがあります。そこで，臨床による関与でDV被害者を十分に支えることが必要になります。

3 自己決定プロセスの援助

DVの保護命令の申立てから発令までの手続きは非公開の法廷で行われます。申立て等の法的手続きのために，DV被害者はDV加害者の暴力などの加害行為を立証するための準備をしなければなりません。過去の被暴力体験を想起したり書面にしたりすることは苦しいことです。法廷での本人尋問ではDV加害者もいる法廷で被害体験を語り，加害者側の反対尋問にも応戦するという過酷な試練を通過しなければなりません。

こうした一連の裁判手続き自体が，まさにDV被害者としての過去の自己と決別し，新たな自己を選択する自己決定になりうるのですが，このプロセスに伴うDV被害者のストレス，不安，恐怖などの心的負担を心理臨床家が支えていくことが重要になります。

以上のような法的アプローチと臨床的アプローチの協働によって，DV被害者は過酷な体験を徐々に対象化し，DV被害者であった自分を客体化していき，DV被害者ではない生き方，主体性を獲得し

ていくことにつながります。[6)]

　一方，DV 加害者にとっては，DV の保護命令の決定が下されることは，DV 行為に対する責任を否応なく突きつけられることにほかなりません。DV 加害者に対する心理臨床による援助者は，DV 加害者にその責任を請け負わせながら，暴力をふるわない生き方につなぐための「加害者臨床」[7)]が必要になります。

5　児童虐待へのアプローチ

事例 12-3（a）　**身体的虐待**（「児童の身体に外傷が生じ，又は生じるおそれのある暴行を加えること」）　ある幼児が虐待された証拠写真に，水玉模様の半そで，半ズボンを着た写真がありました。よくみると，それは衣服に隠れる部分すべてに押しつけられたタバコの跡でした。

事例 12-3（b）　**性的虐待**（「児童にわいせつな行為をすること又は児童をしてわいせつな行為をさせること」）　薬物非行で保護された中学2 年生の女子は，小学 6 年生のころから実の父親から性行為を受け，その辛さを紛らわすために薬物を使ったということでした。

事例 12-3（c）　**ネグレクト**（「児童の心身の正常な発達を妨げるような著しい減食又は長時間の放置，（中略）監護を著しく怠ること」）　小学 3 年生の男子の夕食は毎日カップラーメンだけでした。身体測定では小学 1 年の平均身体と同じでした。

事例 12-3（d）　**心理的虐待**（「児童に対する著しい暴言又は著しく拒絶的な対応，児童が同居する家庭における DV など，児童に著しい心理的外傷を与える言動を行うこと」）　ある母親は，子どもを叩いた

---

6)　参考として，長谷川京子「ドメスティック・バイオレンス」（2010，廣井亮一・中川利彦編『子どもと家族の法と臨床』金剛出版）。
7)　廣井亮一編（2012）．『加害者臨床』日本評論社

りネグレクトをすることは虐待にあたることを知っていましたが，子どもの耳元で何回も「死ね，死ね……」とつぶやくことが心理的虐待になることをわかっていませんでした。

1 児童虐待防止法と不適切な養育（つたない子育て）

児童虐待の防止等に関する法律（児童虐待防止法）2条によって，**児童虐待とは上記のように，身体的虐待，性的虐待，ネグレクト，心理的虐待**であるとされていますが，これはあくまでも法による定義です。すでに述べたとおり，法による定義は問題を直線的に因果関係で切り取り，「虐待する者 → 虐待される者」を明示します。そのようにして，保護者の児童に対する行為が，同法2条の定義に該当することを明確にすることによって，はじめて法の作用として，虐待者に対して行為の禁止などの法的介入を可能にするのです。

それでは心理臨床としては，児童虐待をどのように捉えることが必要になるのでしょうか。心理的虐待をもとに考えていきます。

心理的虐待に該当する行為とは，言葉による脅かし，無視したり拒否したりすること，他のきょうだいと著しく差別すること，子どもの目の前でのDVなどによって，その結果として，児童に著しい心理的外傷を与え，さまざまな症状や問題行動を及ぼすものです。

学説としては，心理的虐待は身体的・性的・ネグレクトによる虐待を含まず，かつ心理的虐待に関する保護者と児童との関連が確証できることを要件とする説があります。これは，家族への権力を伴う法的介入の要件を限定的にするためには重要なことです。

しかし，心理的虐待は非物理的行為でなされ，身体的虐待による傷など明確な証拠が残らないため見逃されやすくなります。また，心的外傷による悪影響の多くは時間を経て現れ，その症状や障害はかなり重篤になる場合があります。

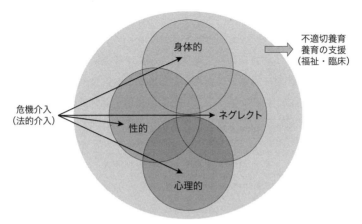

身体的

不適切養育
養育の支援
（福祉・臨床）

危機介入
（法的介入）

性的

ネグレクト

心理的

（出所）　廣井亮一・中川利彦・児島達美・水町勇一郎（2019）．『心理職・援助職のための法と臨床——家族・学校・職場を支える基礎知識』有斐閣

図12-2　児童虐待への法的介入と福祉・臨床的アプローチ

　そのように考えると，心理的虐待に対するアプローチは単に法による取締りのためではなく，子どもの発達の観点から幅広く捉えて，その予防や教育的な関わりを積極的に行うためのものであるともいえましょう。

　もとより心理臨床家は法の番人や執行者ではなく，子どもと親の援助者です。したがって，臨床や福祉のスタンスで心理的虐待につながるおそれのある行為を不適切な養育（つたない子育て）として捉え，育児・子育てに支援的関わりを行う必要があります。そうした関わりのなかで，明らかに虐待とされる行為が発見されたり，緊急対応を要する危機介入が必要になったときは法的介入を要請することになります（**図12-2**）。

2「家族」を支える

2000年に施行された児童虐待防止法は，改正されるごとに，児童虐待にかかる通告義務や立入調査の導入，警察官の援助等を定め，立入り拒否に対する臨検・捜索など法的な強制力や罰則を強めています。その他，児童相談所を中心として組織化されている要保護児童対策地域協議会[8)]のさまざまな機関が児童虐待の発見と防止に関わっています。

一方，司法として強制力を有する家庭裁判所は，児童相談所から児童福祉法28条事件や親権喪失宣告事件[9)]の申立てを受けて，虐待をする親の親権の一部である監護権を制限したり，親権を剥奪したりすることによって，虐待をする親と虐待される子どもを引き離します。なお，今まで親権を制限するためには親権喪失の申立てにより，親子関係を完全に断つしか方法がありませんでしたが，2012年から児童虐待の防止のため，親権を最長で2年間停止できることになりました。

すなわち，児童虐待に対する日本の公的機関の現状においては，「虐待をする親（加害者）－虐待される子ども（被害者）」という図式をもとに，加害者としての親から被害者としての子どもを保護して分離することを基本にしているといえます。ところが，その図式から抜け落ちてしまうことが，「家族（親子関係）を援助する」という視点と加害者としての親に対する具体的なケアです。

児童相談所や家庭裁判所にも家族を援助するという役割は当然要請されており，児童虐待防止法では，児童虐待を行った保護者は，

---

8) 2004年の児童福祉法の改正により，虐待を受けた児童などに対する市町村の体制強化を固めるため，地域の関係機関が連携をはかり児童虐待の予防や早期発見などの対応を行っている。

9) 子どもが虐待などの危機的状態にある場合，家庭裁判所の承認を得れば，親権者の意に反してでも子どもを保護することができることを定めている。

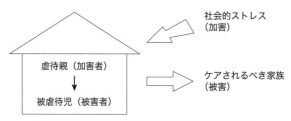

社会的ストレス
（加害）

虐待親（加害者）
↓
被虐待児（被害者）

ケアされるべき家族
（被害）

図 12-3　家族の枠組みによる児童虐待の理解

児童相談所による指導を受ける義務（11 条）が課せられています。また，2004 年の児童福祉法改正で，国や地方自治体の責務として，虐待の早期発見，被虐待児の保護だけでなく，親子関係の再統合も求めていますが，それが実質的に機能しているとはいえません。

　児童相談所も虐待を行った親への指導や家族再統合を手探りですすめていますが，虐待の発見と親子の分離に追われて，親子の再統合の実現まで及んでいないのが実情でしょう。そして，加害者とされた親は地域社会から非難され，刑事罰を科せられることもあり，指導を受けることもなく孤立を深める結果を招いています。

　求められることは，図 12-3 のように，家族という枠組みで児童虐待の親子関係を改めて捉えることが必要だということです。そうすることによって，「ケアされるべき全体としての家族（親子）」という認識がなされ，虐待をする親もまさに「援助を必要とする対象者」として，援助のための具体的な関わりが可能になります。子どもを虐待する親たちが，安心して早期に援助を求めることができるような，「家族を援助する仕組み」を確立することが児童虐待を防止するために求められます。

6 高齢者問題へのアプローチ

1 老親の扶養と介護

4人に1人以上が65歳以上の高齢者となる2025年には，介護を必要とする高齢者が500万人を超えることが予想され，2000年から公的介護保険制度が実施されました。高齢者の介護を社会全体で支えようというものです。

今までの高齢者の介護は，主に家族によって担われてきました。終戦までの家制度のもとでは，老親の世話は，長男の「嫁」が行うべきであるとされ，戦後も，高度経済成長期には「男は仕事，女は家庭」という性別役割分業において，女性の役割として持ち越されました。

現行の民法では，高齢者の食事，入浴，排泄，などの介助をする介護について何も規定していません。その代わりに老親の「扶養義務」を下記のように定めています。高齢者の問題に携わる対人援助者の相談や実際の援助に関わるので，「扶養」と「介護」の違いについて十分に理解しておく必要があります。

扶養とは，生活費を負担をすることです。扶養について定めた民法によれば，直系血族（親と子，祖父母と孫）および兄弟姉妹はお互いに扶養する義務を負っています（民法877条1項）。それ以外の3親等内の親族間（舅・姑と嫁・婿，兄弟姉妹とその配偶者）では，家庭裁判所が特別の事情があると認めて扶養義務があることを決定して，はじめて扶養義務者となるにすぎません（同2項）。したがって，夫の妻は夫の老親の扶養義務者ではありません。戦後70年以上を経た現在でも，妻は夫の老親の扶養義務者である，と思っている人が多くいます。それほど，高齢者の介護は女性によって支えられてき

たのです。

　さらに，扶養義務者でも必ずしも老親を扶養しなければならないとはいえません。民法は，各人の妻と子どもとの生活を犠牲にしないで，余力があれば老親を扶養せよ，といっています。つまり老親の扶養よりも妻と子どもの扶養を優先しなければならないということです。

　この扶養の説明には，パンの喩えがよく使われます。親の子ども（未成熟子）に対する扶養や夫婦間の扶養では，扶養する者は，自分のパンを半分にしても，子どもや妻（夫）に半分のパンを分けなければなりません（生活保持の義務）。このことは離婚後の養育費や，別居中の生活費の分担にもあてはまります。一方，老親の扶養など（直系血族と兄弟姉妹および3親等内の親族間の扶養）では，夫婦と子どもでパンを食べてから，余ったパンを分けるということになります（生活扶助の義務）。

　したがって，老親の介護について民法に従えば，扶養義務者に経済力があれば，老親の介護費用を負担して介護サービスなどを利用するということになります。このようにいうと，法律は老親に何と冷たい仕打ちをするものだと思われるかもしれません。

　しかし，このように法が規定するのは，「家」や老親のために女性など個人が犠牲になることを防いでいるのです。また，織りなす綾で成り立っている家族は，自然な情愛による日常生活で老親の扶養や介護を行うため，ともすると家族が老親を抱える限界を超えてしまい，家族自体が壊れてしまいかねないからです。

　以上のことからすれば，高齢者虐待の防止や対応の基本は，高齢者の扶養や介護は基本的に家族がすべて担うものではなく，公的扶助の利用や地域や社会と連携することがその要点になります。その例として，高齢者のための介護保険制度や，高齢者に対する経済的

虐待の対応の一環として新しい成年後見制度が始まりました。

2 高齢者の心

　実際，老親の扶養や介護をめぐって家族の紛争に拡大してしまうと，結局，老親は公的扶助による一人暮らしをするか，施設に入所するということが多くなります。高齢者も自らの介護などで子どもたちに負担をかけたくないとして，老人ホームなどで生活をすることを希望される方も多くなっています。[10]

　すると，老親の扶養や介護をめぐる家族の紛争では，民法の規定通りに解決すれば足りて，臨床的なアプローチなど必要がないように思われるかもしれませんが，そうではありません。

　老親が結果的に一人暮らしや老人ホームで生活をすることになったとしても，老親の「居場所」は家族との「心の絆」にあるからです。したがって，臨床的な視点からすれば，老親のケアとは，けっして扶養や介護だけのことではなく，むしろ，「家族とのつながり」を援助することだといえます。そうすることで，老親は1人でも孤独や疎外感に陥らずに暮らすことができるのです。

　高齢者の介護問題に戻っていえば，家族の誰かを犠牲にする介護は，真の介護とはいえません。そこにはお互いを尊重し合う家族関係が成り立っておらず，介護問題によって家族の紛争に至る素地が潜んでいるからです。介護とは，身体的なケアと同時に心のケアが伴わなくてはなりません。家族による介護の重要性は，老親の心のケアにこそあるといえるでしょう。

---

10)　内閣府（2015）．『平成26年度版　一人暮らし高齢者に関する意識調査』

3 高齢者虐待防止法と家族臨床

高齢者虐待の問題は日本でもすでに深く進行していますが，児童虐待に比べて社会的認知度はまだ低いのが現状です。高齢者虐待の問題にアプローチするときは，高齢者虐待防止法と児童虐待防止法との趣旨の違いを理解しておく必要がありますので，ここで簡単に説明しておきます[11]。

2006年に施行された高齢者虐待防止法は，正確には「高齢者虐待の防止，高齢者の養護者に対する支援等に関する法律」といいます。「養護者」とは，高齢者が在宅している場合の生活をともにする家族成員を指します。

この法律の名称に端的に示されているように，高齢者虐待防止の特徴は，虐待されている高齢者本人の保護や支援を行うだけではなく，家族など養護者も同時に支援の対象にしているということです。さらに，高齢者虐待の対応についての基本的な枠組みは，地域包括支援センターなどを中核として，地域住民，介護事業者や医療機関，関係専門機関などの社会的ネットワークのなかで，同意と説得に基づく福祉的支援の強化による対応をはかることにあります。

したがって，養護者を虐待者と認定して，ただ単に高齢者と家族を切り離したり，虐待した家族を地域から排除したりするためのものではありません。養護者に援助すべき課題や要因があれば，それを軽減したり緩和したり，家族関係の歪みを修復したりしなければなりません。この意味において，高齢者虐待防止法に則った対応には，きわめて家族への臨床・福祉的アプローチが必要になるといえるでしょう。

---

11) より詳しくは，青木佳史「高齢者虐待」（2010，廣井亮一・中川利彦編『子どもと家族の法と臨床』金剛出版）なども参照。

ブックガイド

廣井亮一 (2012). 『カウンセラーのための法と臨床──離婚・虐待・非行の問題解決に向けて』金子書房

　離婚，虐待，非行など家族と子どもの問題について，法と臨床の協働による適切な援助の方法をわかりやすく解説している。

廣井亮一・中川利彦編 (2010). 『子どもと家族の法と臨床』金剛出版

　少年非行，家族紛争に携わる，家裁調査官，弁護士，裁判官が事例をもとにしながら，解決策を具体的に提示している。

井上眞理子編 (2010). 『家族社会学を学ぶ人のために』世界思想社

　「家族」についての一義的な思い込みから脱却して，家族の問題解決の視点から多様な家族を捉える方法を提供している。

山田昌弘 (2005). 『迷走する家族──戦後家族モデルの形成と解体』有斐閣

　戦後の日本の家族モデルが形成期，微修正期，解体期を経て，現代家族が迷走していることがさまざまな家族の紛争につながっていることが理解できる。

遊佐安一郎 (1984). 『家族療法入門──システムズ・アプローチの理論と実際』星和書店

　システムの理論をもとにして，家族に構造，機能，発達の側面からアプローチする家族療法を紹介している。

事項索引

人名索引

法と心理学への招待
Introduction to law and psychology

2020 年 1 月 1 日　初版第 1 刷発行
2024 年 2 月 5 日　初版第 2 刷発行

	サトウタツヤ
	若　林　宏　輔
著　者	指　宿　　　信
	松　本　克　美
	廣　井　亮　一
発行者	江　草　貞　治
発行所	株式会社　有　斐　閣

郵便番号 101-0051
東京都千代田区神田神保町 2-17
https://www.yuhikaku.co.jp/

印刷・株式会社理想社／製本・牧製本印刷株式会社
© 2020, Tatsuya Sato, Kosuke Wakabayashi, Makoto Ibusuki,
Katsumi Matsumoto, Ryoichi Hiroi. Printed in Japan
落丁・乱丁本はお取替えいたします。
★定価はカバーに表示してあります。

ISBN 978-4-641-17450-4

JCOPY　本書の無断複写（コピー）は、著作権法上での例外を除き、禁じられてい
ます。複写される場合は、そのつど事前に（一社）出版者著作権管理機構（電話03-
5244-5088, FAX03-5244-5089, e-mail：info@jcopy.or.jp）の許諾を得てください。

本書のコピー，スキャン，デジタル化等の無断複製は著作権法上での例外を除き禁じられています。本書を代行業者等の第三者に依頼してスキャンやデジタル化することは，たとえ個人や家庭内での利用でも著作権法違反です。